I believe in the value, passion and beauty in press.

vision
in
press

I believe in the **value**, **passion** *and beauty* *in press.*

vision
in
press

教會・空間・轉型

24 個使命空間的創意實踐

CHURCH . SPACE . REINVENTION

realization of 24 missional spaces

"Early Christians penetrated the whole city, but not by claiming space for church buildings or programs of their own. They penetrated everybody else's space instead."

Dr Ray Bakke

教會・空間・轉型
24個使命空間的創意實踐

作者	王緯彬
編者	呂宇俊
責編	莫嵐
校對	方詠雯
設計	鄺承志
書裝	國度事奉中心
出版	**印象文字 InPress Books**
	香港火炭坳背灣街26號富騰工業中心10樓1011室
	(852) 2687 0331 info@inpress.com.hk http://www.inpress.com.hk
	InPress Books is part of Logos Ministries (a non–profit & charitable organization)
	http://www.logos.org.hk
發行	**基道出版社 Logos Publishers**
	(852) 2687 0331 info@logos.com.hk https://www.logos.com.hk
承印	Offset Printing Limited
出版日期	2022年9月初版
產品編號	IB943
國際書號	978–962–457–634–4

基道 BookFinder

印象文字網頁

刷次	10	9	8	7	6	5	4	3	2	1
年份	31	30	29	28	27	26	25	24	23	22

* 特別鳴謝書中所有提供相片的教會、機構和弟兄姊妹。

目錄

序一

從共享經濟到共享空間

摯友 Ben 能按計劃完成博士學位，且把研究成果以神速出版，真是令人佩服，可見 Ben 是一個「應該做就應該好好去做」（Should do it and should do it well）的人，看著目標，一步一步走近。

我與 Ben 的認識源於一份好奇。多年前我偶爾出入一些聚會場所，都被其舒適、優雅、開放和親和的空間設計吸引，好幾次好奇地問誰是這些場所背後的設計者，他們都提到 Ben 的名字，其後我更主動找同道穿針引線。認識了 Ben 亦很自然地認識了他的空間理念，我除了毫無保留地欣賞和認同外，在公在私也持續和 Ben 合作，沿途盡是愉快經歷，而且感覺越走越闊，越走越深。坦白說，我和 Ben 的共鳴點，不是在空間，而是在共享。其實我認識共享經濟要比共享空間為早，只是在 Ben 的共享空間理念中，我找到具實踐性和必然性的方案，世界因此不再是只有軀殼而沒有靈魂地運作。

說到共享經濟，近幾年有共享工作間、共享廚房、共享工廠、網約民宿，之前有優步（Uber）、滴滴出行、共享單車等冒起，一時之間，共享變成我們生活的一部分。其中佼佼者 Airbnb（愛彼迎）──「讓愛彼此相迎」，可以說是一個很好的內容營銷（Content Marketing）典範例子，既擁有真正的「以愛相迎」故事，又能讓人產生共鳴和切合消費者的需要，可以說是一種「無得輸」的生意概念。

Ben 的研究也有提到，新約聖經中最早記載信徒走在一起過著「共享經濟」的生活模式。使徒行傳四章描述初期教會的建立就是「凡物公用」，恐怕是最徹底的共享文化：「沒有一人說他的東西有一樣是自己的，都是大家公用」（徒 4:32），並同時描繪了一幅美麗的圖畫，「使徒大有能力，見證主耶穌復活；眾人也都蒙大恩。」（徒 4:33）

換言之，初期教會絕對是共享經濟的先驅，也自然地推動了共享空間的應用，可惜在往後的教會發展歷史中，「共享」這概念不但未能發揚光大，甚至時至今日，普遍宗教團體在資源運用方面的觀念遠遠落後於現代新經濟的發展。例如我們可以隨便找到在週間晚上和週末、長假期中大量閒置的教會、學校、機構和宗教建築物；看到一座座美輪美奐的教堂，只在週六日對信眾開放，而閒日卻是重門深鎖，這種現象在香港這個作為全球土地最昂貴的城市到處可見。

我認為教會本來就是最具條件，並且天經地義應對外開放和共享的群體，因為教會的天職就是對世界表達「讓愛彼此相迎」，尤其是對困苦受壓的弱勢社群開放（太 25:35–36）。因為這份信念，讓我從認識 Ben 開始，就有一種難得找到知音人的感覺，亦一直深信，以 Ben 的專業和信念，假以時日，一定會能為教會界的牧養概念和資源運用帶來更新和出路。幾年前我建議 Ben 再上一層樓，接受城市轉化博士學位訓練，就是為回歸初期教會信徒凡物公用（至少在空間使用）這偉大理念作好裝備，成為有力的推動者。對 Ben 的學習過程，我從來都很放心，除了因為他

是坐言起行的人，更重要的是我特別欣賞設計師的思考方法：喜歡問題，然後從問題尋找解決方案（Every design starts with a problem）。Ben看到教會的問題，他必定熱衷於提出他的解決方案——共享空間，還有設計師不尚空中樓閣，善於結合現實，而且持續嘗試和改良（Designers don't think their way forward, designers build their way forward）。我會以熱切的心情，期待 Ben 有更多創新的方案，在未來的日子在不同的平台持續提出，用他的專長一生服侍上主。

10

司徒永富博士
鴻福堂集團 行政總裁兼執行董事

序二

第一次遇到 Ben 是在 2018 年初,他在一個飯局上以教堂設計師的身份分享教會如何善用空間及共享空間的理念。在座不少人都非常認同和支持,但最大的問題是如何實踐。Ben 在這方面經驗非常豐富,但也深深明白實踐上的阻力既複雜又根深蒂固,跟教會的文化、神學和領導等息息相關。

帶動轉化需要一個博士學位嗎?這正是我和他在接着一年時間裏不時討論的問題。Ben 終於決定在 2019 年開展他的博士旅程,而我也十分有幸見證他在學習過程中的轉化。Ben 在神學上擴闊了視野,意識到從前所講的「共享空間」只是整個教會使命的一小部分,透過對使命和教會本質有更深入的理解,體會到由吸引人進入堂會 (come),到走出堂會而進入社區 (go) 的範式轉移。在更充實和廣闊的神學基礎上,Ben「看見」在「共享空間」以外更多不同的可能性,與教會或宣教有關的創新空間開始逐漸浮現。更重要的是,Ben 能夠藉着自己公司的項目,將學到的觀念實踐出來,並可以協助聯繫不同堂會及弟兄姊妹實現他們的「使命空間」。

Ben 是一位不折不扣的模範生,集學者與實踐者於一身,為人低調、謙厚好學,鍥而不捨地回應自己的初心,在更堅實的基礎上,結出纍纍果實。出席他的論文畢業口試是我在過去十年作為課程主任的一個高峰經驗,聽他娓娓道來整個研究,脈絡非常清晰又不失創意和實踐性。他所採用的研究方法是極具挑戰性的建構主義紮根理論 (Constructivist

Grounded Theory)，亦從未有其他同學嘗試，委員會一致裁定他以最優異的成績畢業。

Ben 的口試以柏祺博士的話語作結：「Early Christians penetrated the whole city, but not by claiming space for church buildings or programs of their own. They penetrated everybody else's space instead.」當時我差不多哭了出來，一方面很懷念剛逝世的柏祺博士，也驚嘆他的洞見歷久常新，仍不斷地影響著每一代的教會領袖，以嶄新的角度去擴展祂的國度。Ben 亦代表了每一位畢業的同學，以不斷的學習和實踐回應召命，過程中有血有淚，被深深轉化的同時，也帶動轉化。身體力行，繼續以城市作為我們的實驗室，以經驗和實證為本，透過探索和神學反省，在群體和聖靈的帶領下作出回應，更新實踐，一起「做」神學，因為最好的神學是始於實踐，也以實踐作結。

Ben 的探索源自他對教會使用空間的「神聖不滿足」，在學習過程中，他建立了更堅實的基礎，走到更寬闊的境地，夥同更多教會領袖和同行人，以致轉化的工程更深更遠。正如處境神學先驅葛林主教（Bishop Laurie Green）提到，具轉化力的神學必須具有更大的參與和實用性，Ben 是當中的佼佼者，這本書就是整個過程的展現。本書的編者呂 Sir，也是他在課程開始時所認識的同學，很高興他們今年可以一齊畢業，並一起出書。我實在十分有幸能在近距離很立體地見證這個轉化工程。假若柏祺

博士仍在我們當中，他必老懷安慰。我彷彿仍然聽到他在每次離別時給
我們送上的祝福……

願榮耀歸與上帝、平安臨到地上！
願教會滿有勇氣、城市充滿希望！

陳敏斯教授

伯特利神學院 柏祺城市轉化中心總監

序三

Ben 弟兄一針見血地提出了一個香港教會存在已久，卻一直未有被正視的問題：將極貴重的土地資源，以最浪費的方式去閒置。

今世之子顯然比光明之子更懂得善用資源，當 7-Eleven、Circle K，以及各大商場都絞盡腦汁，將每一寸土地資源以 24 小時模式運作，以爭取最大的使用率，去轉化成為利潤之時，香港超過一半以上自置物業的教會，卻於週一至五期間關門大吉，只在週六日開放，如私人會所向會員提供有限度服務！在寸金尺土，土地資源如此匱乏的香港，教會空間竟被如此糟蹋及閒置，我們真的並沒有好好善用神及會友託付我們的資源，作一個忠心又良善的好管家，撫心自問，實在有愧於主。

深願 Ben 與呂 Sir 合著的這本新作，能為內心也有以上愧疚的牧者、長執，不單提供神學理論及思維上的突破，其實踐部分的成功個案，更能激發他們內心的激情，以更有創意的方式，去轉化自身教會的土地資源，創造成為更有效益的使命空間，成為社區更大的祝福！

這是一場打破傳統思維，更有效善用空間的革新與革命，需要一群有國度胸懷，無懼艱難的勇者，多代同心同道同行，才會帶來新的突破，深願你讀畢這書，能成為投身其中轉化的一份子，為下一代創造出一個更切合時勢，地盡其用，創意無限的「使命空間」。

何寶生傳道
國度事奉中心總幹事

自序

香港作為世界上人口最稠密的城市之一，一直對空間有著莫大需求。我作為「教會建築設計師」，在過往二十多年接觸過香港眾多不同類型的教會，觀察到很多教會裏面的空間平日都是閒置的，而社區對於空間的需求卻是很大。因此近年來，我不斷推動教會開放共享，轉化空間，讓社區的人可以參與和使用。

我選擇入讀柏祺城市轉化中心，就是希望對教會空間作更深入的研究，探討教會如何能有效地重新改造空間，開放大門，進入社區，更有效地實踐神賦予教會宣教的使命。我的論文採用了「建構主義紮根理論」(Constructivist Grounded Theory)[1] 的方式進行質性研究，訪問了十間有開放轉化空間的教會和使命群體，透過編碼分析找出六個主題，構建了一個「使命空間」(Missional Space) 的理論。「使命空間」的精神就是要善用教會閒置資源，讓教會轉化以往內向型的模式，面向社區，用創意去重新實現其宣教的使命，打破教會與社區的鴻溝。「使命空間」是一個去宗教化的平台，對內令會眾明白教會在社區的使命，讓他們從中參與而生命得到轉化和更新；對外令教會更容易進入社區，接觸未信者，從而建立關係和影響生命；更可以讓其他教會在同一平台上一同侍奉、互相協作，刺激他們去審視其堂會空間的使用。有牧者領袖都覺得「使命空間」是一個運動，「使命空間」不但會超越本身教會的空間，又會不斷擴展和複製到其他空間領域。

我和呂宇俊是柏祺同期的同學，大家都覺得一般香港教會內聚老化，需要轉化更新，所以合作寫這本書。第一部分是建基於我的博士論文研

究，結合實踐神學的四個步驟，建構「使命空間」的理論；第二部分又簡單又具體地列出 24 個創意實踐的個案，希望能刺激和啟發眾教會重拾宣教異象，重新想像現有的教會空間；第三部分希望能鼓勵眾教會，有效地回應新常態的挑戰，及時轉化更新，塑造他們獨有的「使命空間」。

王緯彬

2022 年 7 月

導讀

我曾出席很多講座，特別是與地產行業分享時，經常有人問我一個非常尷尬的問題：

「呂 Sir，你知道哪些機構最浪費空間嗎？」

通常他們未等我回答，已經說：「就是教會呀！」已有不下十個地產經紀對我如此表達。其實不需要地產界朋友跟我說，因著多年到訪不同教會的經驗，我個人也可以證實，「教會是極浪費土地資源的！」

「教會閒置」這現象很多人都知道，但實況是怎樣？當你問信徒，「我們是否該這樣浪費上帝給我們的資源？」相信每一位都會回答，「不應該！」但對於這浪費的情況，又有多少牧者或信徒領袖願意起來改變？

感恩的是，在修讀教牧學博士的旅程一開始，我就認識了我的好同學——王緯彬 (Ben)，他是建築師，又是設計師。認識他越久，就越發現他有一個很清晰的異象，就是希望讓「閒置的教會」成為「公共空間」，成為「帶有使命的空間」，讓信徒和社區人士願意進來享用和認識神的愛。

Ben 以這異象為他博士論文的研究核心，從過往協助多間教會轉型的經驗出發，走訪多間轉化得非常精彩的教會群體，糅合學術研究與聖經反思，最後建構了可讓其他教會借鑑的理論。

很多看過他的博士論文的人都認為，此論文非常值得撰寫成書。故 Ben 與我傾談後，我的回應是，極之願意把他的論文以「實踐神學」的思考方法來演釋。我和他在修讀神學時，發現「實踐神學」把神學與實踐糅合一起，讓神學不只是一般人認為的「在天上」，而是可以「實踐」出來。我深信用「實踐神學」的視野去表達 Ben 的論文最合適不過，可以讓更多信徒了解他的論文背後的「神學」與「實踐」的意義。

此書分為三大部分，第一部分是理論：「使命空間的理論」；第二部分是實踐：「24 個使命空間的實踐」；第三部分是影響：「使命空間對未來的影響」。

甚麼是實踐神學的理論？

世界華福中心總幹事董家驊牧師在《21 世紀門徒現場：實踐神學新探索》一書中這樣定義實踐神學：「從門徒群體當下的處境出發，藉著上帝的啟示，在聖靈中以各樣方式察驗基督在此時此地的行動，更新我們的心和行動，以參與其中，朝向上帝終末的國前進。」[2] 這定義讓我們認識實踐神學的幾個重點：第一，「當下處境」；第二，「了解三一上帝」；第三，「更新心靈與行動」。當我在柏祺修讀「實踐神學」一科時，深深被它的「實踐性」與「更新」所吸引。我讀神學不就是為了「實踐」嗎？

實踐神學如何實踐?

當你閱讀有關實踐神學的書籍或文獻時,你必會看到「牧養循環」(Pastoral Cycle) 概念,這是一種思考方法。當我在柏祺上實踐神學課時,聽到老師引用董家驊牧師有關實踐神學的思考,他以一個籃球運動員投球為例子,運動員要重覆練習每一次的投射位置。[3] 而這「循環」確實有一種次序,讓大家可以按步實踐。對此,不同學者或牧者在表達上或許會有少許不同。本書稱之為「轉化實踐循環」,是我參與了不同的實踐神學課程,以及閱讀了好些書後所設計的,因為這能反映有關實踐神學的三大關鍵:「轉化」、「實踐」與「循環」。

轉化:實踐神學中一項重要關鍵,特別是轉化現有的「實踐」,以及對相關議題的「看法」,希望能轉化個人,也轉化教會,若討論的議題與社會有關時,更可以轉化社區。

實踐:實踐神學當然要談「實踐」,到了此循環的第四步,真的希望大家能制定行動方案並實踐出來。

循環:大家若留意這圖表,一開始第一步的「走進現場」與第五步的「再次走進現場」是不同的,範圍亦擴闊了,讓大家清楚看到這循環並不是「封閉式」的,而是以「螺旋式」形態出現,也就是你完成一個循環,再次走進現場,你必會對現況有更深入的認識。

圖1：實踐轉化循環　　　　　　　　　　　　　　　　　　　　呂宇俊

另外，此循環另一特色是在第二步，我以「跨科探索」來強調實踐神學與其他神學有一點很不同，便是實踐神學會把其他學科也列為參考資料。實踐神學的其中一個特性便是「跨學科」，保羅‧巴拉德（Paul Ballard）用「科際間的實踐神學」來形容實踐神學的特色[4]；John Swinton 用「科技與神學」（Techno–theology）[5] 來解釋甚麼是實踐神學的特性，「要做實踐神學，需要糅合在這世界生活的其他知識，如社會科學和科技知識等。」此舉可以讓公眾知道，原來無論你有何專業，都可以參與實踐神學。葛林主教（Bishop Laurie Green）談到「誰應做

神學?」時，他說，「神學既是教會的特殊器皿，就應該交由整個教會群體共同作業，並把許多不同類別的基督徒的特殊經驗納入神學議程之內。」[6] 這需要一種「全民皆兵的事奉」或「平信徒的使徒職事」。盼望大家不要再以為實踐神學是「牧者」和「學者」的專利。

當大家閱讀此書時，便會看到 Ben 這篇博士論文是「神學中有實踐，實踐中有神學」，完完全全應用了實踐神學的思考方法。

第一部分展示了他對「土地」的「實踐神學」。他先帶大家「走進現場」，究竟香港教會如何「浪費上帝的土地資源」；以設計及建築的視野，社會學和商業角度等與大家進行「跨科探索」；很有系統地以「神學反思」的角度，帶大家從聖經中的不同人物、經文及早期教會的情況與大家一同思考；最後的「轉化實踐」，展示了他這次研究找出的六大主題，建構了「使命空間」的理論。

第二部分是本書極精彩的部分，讓大家具體地看到 24 個「神學如何實踐」極具創意的案例，教人如何轉「型」。

第三部分為「使命空間」對未來的影響，深盼大家閱讀此書能得著激勵和提醒，立刻起來一起進行實踐神學，轉化「使命空間」。

呂宇俊
2022 年 7 月

理論．使命空間

第一部分：使命空間的理論
theory of missional space

1/ 第一步：走進現場

第一步為走進現場，分析了這兩三年間香港社會問題，教會面對內外的挑戰，和教會擁有物業空間的情況。

香港社會面對的挑戰

貧窮問題

香港由南中國一條小漁村，經過百多年的發展，已經成為國際大都會，在瑞士寶盛銀行（Julius Baer）公佈的《2021 年全球財富及高端生活報告》中，香港是世界三大最高生活指數的城市之一，排名在上海及東京之後。[7] 縱使香港擁有龐大的財富，但根據香港特區政府 2019 年的報告，香港的貧窮人口佔 21.4%，超過一百四十萬人生活在貧窮線以下。[8] 同年一篇名為《不平等是香港的真正問題》的文章，分析了香港貧富懸殊的問題，香港的堅尼系數是 0.539，相比起美國的 0.411，這數字不單是四十五年來的新高，更是已發展的國家中最高（若堅尼系數是 0，代表最高的平等；若是 1，代表最高的不平等）。[9]

空間問題

香港的「空間」真是寸金尺土，是城市裏極昂貴又極度缺乏的資源。在 2019 年一個全球城市樓價的報道中，香港住宅的平均呎價是 1,987 美元。一般人認為，居住空間的缺乏是許多長期社會問題的根源。基督教關懷無家者協會在其出版的刊物中指出，基層市民的居住空間越來越小，生活壓力越來越大，而精神健康則越來越差。[10] 2021 年有統計數據顯示，

公屋人均只有 13.4 平方呎的空間。[11] 截至 2021 年 3 月為止,平均公屋申請的輪候時間為 5.8 年,獨居長者的輪候時間也要 3.6 年。[12] 香港現有超過 20 萬人在沒有選擇的情況下,被迫住在「劏房」單位內[13],有些更鋌而走險,租住不合法的工業或商業大廈分割出來的劏房。大家可以想像這樣的住屋需求,的確對香港造成很多社會問題和挑戰。

除了居住空間,香港的公共空間同樣缺乏。英國廣播公司(BBC)一篇名為《香港公共空間的問題》的文章指出,足夠的公共空間非常重要,住在這極度擠逼的城市中,人患上抑鬱症的風險是 40%,相比起住在郊區環境的是 20%。[14] 香港人均擁有的公共空間是 2.7 平方呎,新加坡是 7.4 平方呎,紐約雖然亦是人口稠密和地價高昂的城市,但人均仍然有超過 10 平方呎的公共空間。[15] 公共空間的缺乏也成為造成香港社會問題的因素之一。

2019 年後的香港

自 2019 年中開始,香港經歷了自二戰以來從未有過的社會動盪。首先是長達半年以上的大型社會運動,接著 2020 年頭便是全球疫情大流行的開始,市民飽受防疫措施的限制。2020 年 7 月,「國安法」在香港實施,越來越多家庭,特別是有年輕子女的,大舉移民到外地。這幾年香港經濟持續下滑,根據政府 2021 年 1 月至 3 月份的統計數字,失業率及就業不足率分別高達 6.8% 及 3.8%。[16] 青年失業率更響起警號,高達 9.3%,失業情況嚴重的主因是職位空缺大幅下跌,由 2019 的 20,300 個職位,跌至 2021 年只有 12,500 個職位。因著以上種種原因,香港在

2021 年《全球幸福指數報告》中，只有 5.477 分（10 分為滿分），在
149 個國家城市中排名 77。[17]

香港教會面對的挑戰

教會健康現況

香港教會更新運動（教新）在 2020 年 6 月發表《2019 香港教會普查簡
報》，其中形容香港的堂會為「文化保守不變，成年長者會眾為主流，
25–44 歲出走較多，這便是『老弱乏力』的寫照。筆者預見，經過『反
修例運動』帶來撕裂，再加上『新冠肺炎』的衝擊，堂會實真是『弱
不經風』！」[18] 短短一兩句說話已道盡了香港現今的時勢與很多堂會面
對的挑戰。教新還具體地以圖表向我們說明這個情況，若繼續下去的嚴
重性便是——「死亡」（見圖 2）。[19]

政治取態兩極化

過去幾年的社會運動，令教會在牧養上面對更嚴峻的挑戰，不少信徒因
為不同意教會的政治取態而離開所屬堂會。其實 2014 年的佔中運動後，
教會已流失了部分信徒。根據一篇名為《香港的屬靈戰爭》的文章分析，
香港基督徒已清晰地分為兩個陣營，分別是支持政府的「藍營」，以及
反對政府的「黃營」。[20] 無論甚麼陣營對教會領袖來說都是挑戰，究竟
如何把他們留在教會繼續接受造就呢？在這政治取態兩極化的情況底

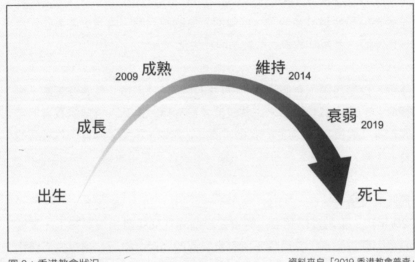

圖 2：香港教會狀況 　　　　　　　　　　資料來自「2019 香港教會普查」

下，出現了「分色牧養」這概念。[21] 在傳統教會體制以外，一些新型態群體開始出現，來回應離開了傳統教會信徒的需要。[22]

「離堂會」的現象

根據柏祺城市轉化中心 2018 年進行的名為《留堂會·離堂會》調查的統合分析結果發現，參加者填寫「基督教」（不包括天主教）為宗教背景比率為 20.4% 至 29.3%。[23] 根據教新的《處境劇變下的牧養更新──香港教會研究 2014》資料顯示，全港大約只有 5% 的香港人口出席教會崇拜活動[24]，若把以上大約 20% 的信徒與 5% 出席教會活動的信徒作比

較，意味著香港有很多自稱是基督徒而沒有參與教會活動的人。[25] 當問到受訪者為何不參與教會崇拜，或離開教會的原因時，兩類受訪者都回應同一個原因，就是「教會一些做法叫我失望。」[26]

幾年前，社會出現了一個「去大台」[27] 的概念，「大台」代表教會的「權力核心」，「去大台」簡單來說就是把大台拆掉。很多人視傳統教會的年長領袖為「大台」，覺得他們老化、倒退、離地，不給予年青一代發聲的機會。年青人以前在教會可能很活躍，但現在不想再參與，便選擇離開。

新冠肺炎疫情

2020 年初，香港疫情爆發，教會在政府的社交距離措施影響下，實體聚會受到嚴重影響，當時幾乎所有聚會都改為網上舉行。柏祺城市轉化中心在 2020 年做了一項有關參與網上崇拜的調查，73.37% 受訪者有參與網上崇拜，其中 65.5% 參加自己教會的網上崇拜，30% 參加其他教會的網上崇拜。[28] 根據受訪者的回應，80% 至 90% 的人表示，若政府限聚令取消後，便會返回自己教會崇拜，但表示將來會去其他教會參與實體崇拜的也有 5% 至 10.9%，而 12.9% 至 18.9% 的人會參加其他教會的網上崇拜。[29] 信徒在限聚令取消的情況下，會否返回所屬的堂會，或去其他堂會，或只是繼續參與網上崇拜，成了教會牧者面對的一大挑戰，有人形容這現象是教會在新常態下的一個「大洗牌」的現象。[30]

香港教會的「空間」

教會物業情況

根據《2019 香港教會普查簡報》顯示，在香港 1,305 間華語基督教教會中，只有 12.9% 的教會擁有自己的「獨立座堂」物業。[31] 這些座堂大部分是在 1970 年代之前建成的，因為那個年代申請到機構用地是比較容易的。因著政府的城市規劃及新市鎮的發展，教會很難再覓到適合建教堂的土地。[32] 隨著教會增長，又見到在新市鎮擴堂的需要，教會開始購買或租用一些非宗教樓宇，如商業大廈、商住大廈或商場等來進行宗教聚會。在 Dr Louis Poon 的論文中指出，「樓上教會」是香港獨特的現象。[33]

因著香港的樓價高昂，只有極少數教會可以負擔到地下舖位，所以很多教會都轉到購買或租用樓上單位。故此，香港有一部分教會只能隱藏在多層的大廈裏面，在街外都不知道原來大廈裏面有教會。教新在 2019 年的普查發現，本港有超過一半的教會位於商業及商住大廈，分別是 301 及 377 間，其他教會則分佈在學校場地、社會福利服務場所等（列表 1）。根據同一普查結果，49% 的教會是自置物業，24.5% 的教會沿用所屬宗派或堂會屬下的地方，14% 的教會是租用，其餘 11.9% 的教會是借用非宗派或堂會屬下機構的地方（列表 2）。[34] 接近一半的教會是擁有價值

樓宇類別	總數
獨立座堂	168
商業樓宇	301
住宅樓宇（包括商住兩用樓宇）	377
學校場地	322
社會福利服務場所	102
工業樓宇 / 工貿大廈	15
其他場所	22

列表 1: 教會聚會地點的樓宇類別　　　　　　　　　　　　　資料來自「2019 香港教會普查」

不斐的物業，亦因為是私人地方，沒有牌照的限制，教會的「營業時間」可以自己控制，即是教會可以自己決定怎樣使用這物業去造福社群。

教會物業的擁有權	%
自置物業	49
使用宗派或堂會屬下機構的地方	24.5
租用	14
借用非宗派或堂會屬下機構的地方	11.9

列表 2: 教會物業的擁有權　　　　　　　　　　　　　　　資料來自「2019 香港教會普查」

低用量的教會空間

北美地區的教會經歷了 20 世紀的蓬勃發展後，現今受到後現代思潮的衝擊，出現嚴重下滑的趨勢。[35] 這跌勢導致他們的教堂與香港教會一樣出現閒置的情況。有見及此，有些教會在這十多年間，應用共享概念，把部分建築物改變成社區中心、音樂會堂、餐廳、無家者收容所和輔導中心等。有些教會更出租部分物業給小數族裔，甚至在教會舉辦其他宗教聚會，以補貼日常的行政開支。在亞洲，例如南韓在二、三十年前興建的超級教會，雖然週日的確擠滿了信徒，但平日的時間都有頗多閒置的地方，亦有當地學者研究怎樣善用空間而不至浪費。[36]

香港教會的規模相對較小，空間不太多，正正就顯得每一呎的空間更加寶貴。大部分香港教會最著重的是「禮堂」部分，最關心的就是週日能容納的人數。但教會其他空間呢？平日又如何呢？由於平日很少人來，人手又不足，所以很多教會便在平日關上大門，每週只開放幾個小時。

賴淑芬博士在一篇名為《基層的無牆教會》的文章中指出，不少人認為教會是最浪費地方的，租金高昂卻常常在平日閒置，浪費珍貴的資源。她非常贊成開放教會，服侍社區，像早期教會凡物公用的概念。[37] 胡志偉牧師在一篇名為《開放堂會》的文章中指出，教會本身就應該是「公共空間」。他說：「教會成為教會，不是私人住宅的會所，必然歡迎所有人士參與⋯⋯地方堂會有其必然的公共性。」[38] 最近一本暢銷書《教會無牆的震撼轉化》的作者陳淑娟牧師，分享到她牧養的教會如何由一間多年來只有六、七十人聚會的中產教會，轉化為一間中產與基層共融，

幾百人聚會的無牆教會。她不單讓教會打破不同階層的隔膜，還拆掉教會四面牆，成為「無牆」的社區教會。今天，她的教會已是一間七天開放，每天都用盡每一呎空間的社區教會。[39]

2020 年 7 月 29 及 30 日，香港教會發生了一個「有趣又可悲」的現象。當時疫情嚴峻，政府突然宣佈全港所有餐廳全面關閉堂食，根據《時代論壇》的報導，大約有 10% 的教會快速回應市民所需，開放教會讓公眾入內進餐。[40] 一間中產巨型教會的牧者分享其教會如何迅速開放，邀請市民入內進餐，她興奮地分享，見到許多藍領人士進到教會內，找到一個舒適的地方坐下用膳。[41] 另有一牧者分享，縱使打開了教會大門，卻無人問津，他反省後得出結論，是因為平日教會的門從來不打開，與社區關係疏離，故此他希望往後更有策略地開放教會，接觸社區的人。[42] 另一小型教會的牧者憶述，其實上帝給他們教會一個很便利的地點，他們理應好好善用，但那兩天他們卻沒有打開門，原因是教會的領袖未能達成共識。[43] 這現象只維持了兩天，隨後政府解除這禁令，很多教會也「回復正常」，再次關上大門。

在香港，無論是室內空間，或是公共空間的需求都甚高，特別是在一些基層群體聚居的舊區。基層學生的家居空間狹窄，對他們做功課和讀書造成很多困難，又不一定有無線網絡；小朋友又需要很多活動空間；婦女又需要社交連結；長者又需要各方面的支援。教會或許就在他們的住宅附近，為何不開放閒置的空間與他們共享呢？

教會使用空間的數據

根據 2019 香港教會普查的資料顯示，以全港 1,305 間華語教會來計算，平均每週有 268,822 人出席教會各類崇拜聚會。[44] 2019 年，全港教會每週舉行崇拜聚會共 3,872 次，有 3,229 次在週日舉行，而週六舉行的崇拜聚會有 527 次，週一至五只有 116 次。[45] 崇拜是教會最中心的活動，大部分會眾都會參加，而崇拜的禮堂亦佔用教會最大的空間。假設教會每次崇拜平均為 3 小時，教會每天開放 8 小時，最高使用率的週日是 92.8%，週六的使用率是 15.2%，而週一至五的使用率只有 0.7%（列表 3）。由於缺乏其他量化資料，故此其他有機會在教會發生的活動，如查經班、祈禱會、團契、社關服務等，並沒有計算在以上的分析中。縱使如此，教會除週日以外，明顯地有大量空間是閒置的，可使用空間的潛力是無可厚非的。

	平日	週六	週日	總數
全香港每週崇拜次數	116	527	3,229	3,872
每教會每週崇拜次數	0.089	0.404	2.474	2.967
每教會每週崇拜總時數 （假設每次崇拜平均為三小時）	0.267	1.212	7.422	8.901
每教會每日的使用率 （假設教會每天開放八小時）	0.7%	15.2%	92.8%	–

列表 3：教會空間的使用率　　　　　　　　　　　資料來自「2019 香港教會普查」

2/ 第二步：跨科探索

第二步為跨科探索，以建築及設計的專業角度，探索教會的空間現象，並引用社會學、經濟學、神學等專業知識，分析「使命」、「教會」、「空間」的關係，從而得到「使命」重塑和轉化。

使命概念

神的使命

宣教學家及舊約學者萊特 (Christopher Wright) 在其著作《宣教中的上帝》中，定義「神的使命」(Mission of God) 為信徒以神的子民身份，參與祂在世上的宣教，以救贖所有受造之物。[46]「神的使命」的拉丁文為「Missio Dei」，「Dei」就是神，「Missio」就是「差遣」或「使命」的意思。神的使命，從亞伯拉罕開始，到以色列作為整個民族，到現今的新約教會，都是將神的救贖帶給地上的所有受造之物。萊特認為，整本聖經是一個「宣教」的現象，聖經本身就是見證神為了整個創造，藉著祂的子民在地上宣教的故事。[47] 神學家史托得 (John Stott) 作為 1974 年《洛桑公約》的主要起草委員之一，認為宣教是由神的本質產生的，他又稱宣教是普世性的神，透過普世信徒的普世宣教運動。[48]

上帝子民的使命

David J. Bosch，一位在宣教學上很有影響力的學者，指宣教是神的屬性，或可以稱祂為「宣教的神」。[49] 他解釋宣教可以被看為神進入世界的一個運動，而教會就是神的工具，成立教會就是為了宣教，而參與宣教就是參與神對世人愛的運動當中。[50] 同樣，萊特亦稱宣教不是為了教會而做的，而教會的成立是為了宣教，這就是神的使命。[51] 基本上教會成立的唯一目的是宣教，如果教會不執行宣教的使命，就會失去其存在的意義。

宣教學家 Michael Frost 與 Alan Hirsch 在他們的合著 *The Shaping of Things to Come: Innovation and Mission for the 21st Century Church* 中，稱上帝希望看到人類和創造物得到和解、救贖和癒合，教會是一個神差遣的群體，被派去一個破碎的世界為其帶來醫治。[52] William McAlpine 在 *Sacred Space for the Missional Church* 一書中寫到，教會的本質便是要「宣教」，宣教不是教會要做的活動，而是教會就等於宣教。[53] 宣教使命必須是每一間教會的 DNA，而每一位信徒都是宣教士，帶著使命在他身處的地方實行宣教，而不是傳統認為要接受過專業訓練，被差派到發展中的地區宣教的才是宣教士。柏祺博士說，宣教不再是越洋過海，穿越森林沙漠，而是在你身處的城市，走上街道便是宣教。[54] 神讓每間教會都座落在獨特的社區，便有其宣教的美意。

使命教會

流動的神和流動的教會

伯利恆聖經學院的 Dr Munther Issac 寫了一本名為 *From Land to Lands: from Eden to the Renewed Earth* 的書，其中指出舊約裏面的上帝是一個流動的神，因為祂和子民一同在曠野流動，一直都住在以色列人的帳棚中，直至聖殿建成。[55] 其實建造聖殿是大衛王的想法，而不是上帝的旨意，因為上帝不可能局限於一個地方。著名舊約神學家布魯格曼 (Walter Bruggemann) 在《土地神學：從聖經信仰看土地的賞賜、應許和挑戰》一書中聲稱，聖殿將耶和華像那些沒有動力的偶像一般，困在建築物裏面。[56] Issac 解釋，聖殿本身就是人的偶像，將上帝排除於外。[57] 使徒司提反在最後一次演講中也讓我們知道：「至高者並不住人手所造的」（徒 7:48）。主耶穌並沒有打算建立教堂建築物給信徒聚會，祂的事工一向都是不斷流動的，在不同城市和鄉村傳揚福音，就是道成肉身，住在普通人當中生活。

早期教會信徒仿效耶穌及使徒的模樣，基本上沒有一個固定的時間和聚會場所，他們會在家裏、葡萄園、船隻、店舖或餐飲等工作場所，或在聖殿的庭院、猶太教堂、市場等公共場所聚會，而不會受制於任何固定的建築物內。高紐爾（Neil Cole）在《教會 3.0：為教會前途升級》一書中稱早期教會的結構就是簡單而有機的，是在激烈迫害下而產生的邊緣化的運動。[58]

在建築物中的教會

在公元 313 年「米蘭赦令」頒佈後,一切都改變了,羅馬帝皇君士坦丁將早期教會由邊緣帶至主流,基督教便成為了羅馬國教,教會亦被限制於特定的教堂建築物內。教會本來是一群人,是基督的身體,現在由地下的使命群體,變成有形的、可見的,中央管理制度化的組織。

Frost 與 Hirsch 解釋,早期教會沒有專用的建築物,但基督教成為羅馬國教後,就在不同城鎮的中心建造基督教堂,慢慢信仰的焦點便轉向「神聖」的教堂建築上,公民(大多數都是信徒)的生活和活動,都變成圍繞教堂而發生,建築物的設計就是要盡量吸引人進來。[59] 另一位作者 Matt Broweleit 在他的書 *Out of the 4th Place* 中認為,基督教世界將早期教會由一個流動宣教的群體,轉變為以建築物為中心的宗教場所。[60] Michael Goheen 在 *A Light to the Nations: The Missional Church and the Bible Story* 一書中聲稱,隨著基督教變成國教之後,早期教會最核心的宣教使命便開始消失,教會不再關心宣教,而變成關注其內部的事務和信徒的福利。[61]

聖俗二分的教會

Broweleit 強調,早期教會的精神是要融入當地文化,早期教會的信徒刻意拒絕建造或長期佔據宗教建築物。[62] 舊約中的聖殿是聖俗二分的,耶穌到來就是要打破這個鴻溝,所以新約的教會是要共融的。[63] 但君士坦丁卻要將教會回復到舊約的模式,他不但「重建」了聖殿,還「重建」了舊約的祭司制度和崇拜禮儀,將神聖的與普羅大眾再一次分隔。[64]

聖俗二分的概念一直延續到今天的教會。Broweleit 認為，現今西方大多數的教會仍然在暗示著類同的信息，就是上帝與人是分離的，信徒亦是與世界是分離的。[65] Frost 與 Hirsch 亦認為這是「我們」與「他們」的意識形態[66]，教堂的建築亦無形中將「局內」與「局外」，「神聖」與「世俗」劃分了。[67]

內聚的教會

Frost 與 Hirsch 認為教堂的建築物就代表教會的神學理念，他們解釋說，教會建築深深地塑造了信徒的信仰，基督教世界帶來了華麗的建築，宏偉的大教堂、尖頂、彩色玻璃、木長椅等，間接將信徒困在教堂的「堡壘」中，妨礙信徒接觸建築物以外的社群。[68] 當福音叫信徒「出去」的時候，教堂建築卻叫他們「留下」；當福音說「尋找迷失的羊」的時候，建築卻說「讓迷失的尋找教會」。[69] 教堂建築令信徒忽視了教會成立的真正意義，即是宣教的使命。就如今天的教會，信徒變得內聚，著重關注崇拜的人數，和內部的活動是否辦得夠專業和夠吸引等。

皮尤研究中心 (Pew Research Center) 在 2016 年做了一項調查，發現美國很多教會可被稱為「消費者教會」 (Consumer Church)，指教會為吸引更多人來聚會，只顧討好他們的「屬靈顧客」。顧客決定留下與否，就要視乎講員的信息是否令他們稱心滿意，崇拜的氣氛是否帶給他們喜悅，會友是否對他們友善。[70] 教會領袖只著重於聚會和崇拜等是否夠「娛樂性」，因為這是與教會能否繼續生存有莫大關係。教會只顧著

建築物內發生的事，專注培訓專業的神職人員，舉行專業的表演和專業的宗教活動，那就錯過了教會的真正使命。

制度化的教會

Alan Hirsch 在其名為 *The Forgotten Ways: Reactivating the Missional Church* 一書中提到，耶穌原意是希望開展一個宣教運動，從來不是要成立一個大型的宗教組織。[71] 基督教世界卻將早期教會，從充滿活力的宗教革命運動變成了宗教建制。[72] 直至今天，大部分教會仍然是活在這建制模式底下。[73] 宣教網絡（Missional Network）創辦人 Alan Roxburgh 認為，在後現代的社會和文化中，教會應該摒棄不合時宜基督教世界的制度。[74] *Microchurches: A Smaller Way* 作者，微型教會網路 Underground Network 創辦人 Brian Sanders 指，教會越大，制度化需求就越大，管控就是其精神所在。[75] 現今許多教會的牧師和領袖花費大部分時間開會，做繁瑣的行政事務，卻剩餘很少時間去做真正宣教、牧養及關懷的工作。

國度觀的教會

1970 年代後期，著名英國神學家和宣教學家紐畢真（Lesslie Newbigin）在他的著作 *The Open Secret: Sketches for a Missionary Theology* 中說，「宣教」一直被認為是在教會之外才做的事情，是被神呼召出來的「專業」傳教士的工作，而不是普通信徒日常生活的一部分。[76] 神學家史耐達（Howard Snyder）聲稱，「教會的人」通常最專注的是讓人們進

入自己的教會，但「國度的人」最關心的卻是讓教會進入世界。「教會的人」擔心世界會改變教會，但「國度的人」最感興趣的是讓教會去改變世界。[77] 使命教會是叫我們有國度觀的願景，超越本身教會的建築物。

無牆的教會

過去 20 多年，越來越多教會領袖開始意識到教會不應該被局限於「四面牆」內，強調要打開教會，進入社區，與鄰居互動。Roxburgh 說教會就是要進入人的家裏，坐在他們的餐桌旁，聆聽他們的故事，與他們一起分享聖餐，很自然地就可以互相傾訴，這就是無牆的教會。[78] McAlpine 提出了一個很有趣的問題，就是早期的教堂沒有任何建築物，為何都可以增長得如此驚人？[79] 在另一本名為 *When Not to Build* 的書中，作者 Ray Bowman 與 Eddy Hall 表示，沒有建築物可能是教會不斷增長的秘訣。[80]

使命空間

第三地方

社會學家 Ray Oldenburg 指出，我們的「第一地方」(First Place) 是「家」，「第二地方」(Second Place) 是「辦公室或學校」，而「第三地方」(Third Place) 是一個讓人在漫長的工作天結束後，可以與友人暢談和放鬆的地方，可以是酒吧、咖啡室、書店、髮型屋等。[81] 他指出，

在西方的現代城市規劃的模式中，人們大部分時間主要是花在「第一地方」和「第二地方」，相反，「第三地方」提供了一個緩衝的社交空間，在這空間不但可以接觸到其他人，並可以認識新朋友，建立新的關係。[82] Ken Carter 與 Audrey Warren 在一篇名為 "Networks and Third Places are Today's Mission Field" 的文章中，參考了 Oldenburg 的概念，列出了有關「第三地方」的特性：

- 這裏是甚麼經濟和政治背景的人都歡迎
- 這裏有飲品和食品供應
- 這裏的地點非常方便，容易進入
- 這裏的舊朋友經常都在，新朋友亦非常歡迎加入
- 這裏主要的活動是「吹水」
- 這裏的氣氛是「好玩」[83]

教會為「第三地方」

早在 1990 年代，著名咖啡企業「星巴克」（Starbucks）以「第三地方」作為他們的經營使命。他們宣稱不但要提供很好的咖啡，並要提供一個讓客人有歸屬感又舒適的社交環境。[84] 在美國，有教會看見信徒流失的情況嚴重，就開始應用類同的「第三地方」概念，來重新吸納教會以外的人。[85] 他們開始創辦一些「第三地方」，讓人們可以在「第一地方」和「第二地方」之間找到一個吸引他們的空間，包括咖啡室、書店、遊戲室、音樂工作室和共享廚房，配備了免費網絡、音樂、傢俬和舒適的環境等。

The Missional Church Network 有一篇名為 "Engaging the Third Place" 的文章，引述了 Oldenburg 書中一個有關美國八九十年代為人熟悉的經典電視連續劇 Cheers 的例子。劇中的角色來自不同階層，有藍領和白領，一班人放工以後就聚在酒吧裏談天說地，流連忘返。此劇主題曲的其中一句歌詞，最能反映「第三地方」特性：「這是一處每個人都知道你名字的地方！」[86] 該文章分析了人類與生俱來便有「社交」的需要，提倡教會應如「第三地方」一樣，能給人們有舒適的空間，建立社群和關係，分享生命。[87] 這令筆者想起香港商業電台的長壽廣播劇《十八樓 C 座》[88]，由 1968 年首播，圍繞著「周記茶餐廳」的老闆、員工與經常光顧的街坊，每天在茶餐廳的對話，這就是香港「第三地方」的精神。

Alan Hirsch 提及澳洲一宣教機構名為 Third Place Communities，他說有人聚集的地方就是一個最好宣教的場所，他們的會員亦會藉此機會進入當中。[89] 他說很多關係就這樣建立，一同分享生命中的重要時刻，如生日、訂婚、宴會和嬰兒出生等。[90] Hirsch 又指，他們的宣教包括每週圍繞餐桌的款待，一起做社區服務，為有需要的人籌款，贊助當地的藝術音樂工作，參加葬禮，分享生命的意義，甚至一起祈禱、閱讀和探索耶穌的故事。[91]

社會企業
提摩太 · 凱勒牧師（Tim Keller）在 2010 Entrepreneurship Initiative Forum 的演說中稱上帝為企業家的始祖。[92]「社會企業家」與一般企業家不同之處是社會企業家是促進社會正面的變革，為公共利益創造社會

價值。[93] *The Social Entrepreneur: The Business of Changing the World* 一書提到一個名為 Loft Coffee Shop 的社會企業，成立目的是為了提供一個舒適的環境，供聚會或舉行活動，讓大眾有一個喘息的空間。[94] 他們的設計就像「第三地方」的概念，吸引平常不會去教會的人進來。[95] 那裏可以進行查經、母親小組和青年小組，慢慢教會就在這裏誕生，後來更發展成一個叫 Hope Center 的社區中心，糅合了二手商店、食物銀行和社會資源轉介服務等。[96] 此書的編輯 Robert A. Danielson 解釋「社會企業」的接觸面更廣，而「營商宣教」主要針對第三世界國家的跨文化宣教。[97] 另一學者 Steve Rundle 在一篇名為 "Business As Missions' Hybrids: A Review and Research Agenda" 的文章中，嘗試從動機方面去解釋兩者的分別，「社會企業」是為別人的福祉而做的，而「營商宣教」主要是希望將人帶到神的面前，為了宣教而存在的企業。[98]

營商宣教

商業市場或職場是很多人每天花費大部分時間的地方，耶穌每天也在祂的職場與人互動，新舊約亦有頗多人物都是營商的。營商宣教在過去十多年中，在不同國家的職場都發揮了不小的轉化作用。營商宣教的理念是全人關顧，希望能透過上帝的愛去轉化人類的經濟、社會、環境與靈性。[99] 在 BAM Think Tank China 2014 年出版的一份名為 *Business as Mission in and from China* 的報告中，讓我們知道國內的基督徒透過不同方式的營商宣教，的確起到重大的影響和轉化作用。[100] 雖然沒有清楚

的文獻或數據記錄，但很多國內的地下教會和信徒，就是透過這模式進行企業活動，與很多未信的員工和顧客傳揚福音。

在 *BAM Global Movement: Business as Mission Concepts & Stories* 一書中，作者 Gea Gort 與 Mats Tunehag 列出世界不同地區以不同形式進行的營商宣教案例。例如在柏林市中心有一所稱為 Haus C13 的社區中心，本著全人關顧的理念，集教育、健康和家庭服務於一身。[101] 中心樓高六層，佔地面積 2,400 呎，裏面有咖啡室、多用途室、禮堂，可供作展覽、表演及教會活動之用，另有幼稚園、辦公室、醫療室及輔導室在不同樓層營運。

另一個案例是位於倫敦東部的繁忙街道上，主責牧師將地舖變為一個商業咖啡廳，他說一週內接觸的陌生人，等於他過往全年在教會接觸的新朋友。牧師強調：「我們需要新的教會模式，與不會進入教會的人連結，從而建立關係。」[102] 他利用這個空間來嘗試不同活動，如音樂會、桌上遊戲、讀書會等，每週三晚定期舉行崇拜，並邀請顧客留下，目的是要將教會放在城市的中心。

在地球的另一端，首爾在過去幾年出現了不少時尚的「咖啡室教會」(Cafe Church)，目的是為了吸引那些 18 到 30 歲離開了教會的年青人。這現象彌補了很多超級教會無法吸納年青人的不足，因為他們認為上一代的教會太過制度化，很難融入。[103] 另一位推動營商宣教的韓國商科教授認為，信徒是被呼召到公共場所去見證耶穌的。在耶穌的年代，基督

徒非常活躍於羅馬市集中，而上帝就是要挑戰教會，如何在現今職場上建立天國的價值觀。[104] 所以上帝的宣教使命不一定局限於傳統教會之內，也可以用不同的商業模式去回應社區的需要。

社區合作項目

Frost 與 Hirsch 建議教會可以尋求一些與社區合作的項目[105]，讓基督徒與非基督徒共同合作，回應社區的需要。這類項目可以讓雙方建立更深入和長久的合作夥伴關係。他們引述了一個在洛杉磯的例子，一間教會與一個名為 Millenia Co-op 的機構一起將美國加利福尼亞州波莫納第二街轉型為一個藝術家殖民地，共同創造了表演的空間、畫廊、工作坊場地、課室及辦公室等，整個地方由當地藝術家運作。[106] 這個計劃讓教會離開安舒的宗教空間，與教會以外的非信徒直接接觸，像鹽和光一樣滲透到他們的文化當中，從而轉化社區。[107]

使命空間

Alan Hirsch 在他的書 *The Forgotten Ways: Reactivating the Missional Church* 中使用了「使命空間」一詞，他說「使命空間」不一定是與教堂建築物相關的空間，意思是要我們進到他人的空間，而不是要他們來到我們教會的空間。他又解釋了他怎樣和一班朋友建立「使命空間」，首先他們留意到外出就餐在墨爾本市是很流行的，就決定購置一間餐廳，開設一個名為 Elevation 的空間。[108] 他們透過藝術課程、話劇、哲學討論、結他班、新書發佈會，以及音樂會等活動與非信徒進行互動。Hirsch 解釋，Elevation 不僅是一個教會，而是一個「使命空間」，是為了將上帝的宣教使命帶入人群而創辦的。[109]

McAlpine 在他的書中亦有提到類似「使命空間」的概念，他的觀點與 Hirsch 相同，就是盡量減少教會的主場優勢。他建議信徒應該去到教堂建築物以外，未信者感受到最小威脅的地方，如私人住宅、酒吧或餐館等。[110] 另一位教會事工顧問 Reggie McNeal 在 *Missional Renaissance: Changing the Scorecard for the Church* 一書中，進一步暗示信徒不需要教堂建築物，提出一個「無教堂」的概念。[111] 此外，Hirsch 亦引用了不同例子，他說，有些建立了多年的教會，決定出售教堂物業，以換取商場裏面的零售空間，以便近距離接觸街坊。另一家教會甚至購買了一間夜總會，將其變為一個社區中心。「使命空間」的想像是可以超越傳統教堂建築的任何空間。

神聖空間

Isaac 在書中提及「耶穌和神聖空間」的概念[112]，他聲稱耶穌實際上重新定義了「神聖空間」的含義。「神聖」不再是舊約中會幕的「至聖所」那樣的空間，而耶穌本人就代表了「神聖」。[113] McAlpine 解釋，當一個人與神相遇，生命因被神觸摸而發生戲劇性的轉化，那個地方就可說是「神聖空間」。他在書中指出聖經裏的「神聖空間」，包括摩西在曠野與上帝相遇（出 3）、雅各夢見天梯（創 28:10–22）、耶穌和兩個門徒在以馬忤斯的路上相遇（路 24:13–35），以及保羅在大馬士革路上的經歷等（徒 9:1–9）。Victor Turner 與 Edith L. B. Turner 在他們的 *Image and Pilgrimage in Christian Culture* 一書中稱這些地方為「夾縫中的空間」（Places of Liminality）[114]，透過聖靈的干預，這些人的生命產生了超時空

的重大轉化。McAlpine 解釋，這些相遇的空間不一定在教堂建築、聖殿、會幕或傳統理解的「神聖空間」內發生，他的結論是「神聖空間」的精神是為了轉化，而有關空間的設計和建造就是為了創造使命轉化的機會。[115]

使命重塑

教會 3.0

高紐爾在其名為《教會 3.0：為教會前途升級》一書中談到，教會的「升級」可以分為三個階段，而「教會 1.0」是使徒行傳描述的早期教會。[116]第一次升級是在第四世紀君士坦丁在位之時，他把基督教定為國教，教會就由地下草根階層的運動，變成了建制的組織，這階段叫作「教會 2.0」。[117]「教會 2.0」的模式一直維持到現今，即是要吸引人進入一個中央化的建制中。高紐爾認為第二次升級是由 2010 年他寫這書時開始，他解釋「教會 3.0」是由中央集權，以建築物及事工為中心，神職人員為主導的教會，轉變為關係式、簡單、有感染力和流動的教會。[118]他重申，教會不再只是一個地方或一個建築物等待人進入，不再只是透過活動去吸引人，而是一群帶著天國福音的人，走進迷失世界，以聖靈去感染世人。[119]高紐爾強調，宣教不是「教會 3.0」的選擇，宣教就是教會與生俱來的使命。他引用 Alan Hirsch 的話，宣教神學不滿足於教會裏面，相反宣教適用於每個信徒身上，每一個都要成為神國度裏的宣教士，將神的使命帶入生活的每個領域。[120]「教會 3.0」是要善用現今世上的資訊、網絡、科技和媒體等，在後現代的社會文

化中，將福音更有效地傳到世界不同角落。

Frost 與 Hirsch 建議現今的信徒領袖，應該停止再用傳統的模式去辦教會，應該以宣教士的思維去接觸社區，重塑教會群體。他們最喜歡說的一句話是：「不要想著教會，只要想著宣教。」[121]

COVID–19

Jerry Pillay 在其名為 "COVID–19 Shows the Need to Make Church More Flexible" 的文章中提及，教會從 2020 年頭開始，已經歷急劇的範式轉變，他稱這現像為「使命轉移」(Missional Shift)。[122] 他觀察到疫情令傳統教會模式出現重大挑戰。教會見到身處社區的嚴峻需要，迫使他們重拾失去了的宣教使命。他說教會開始明白宣教使命比教會內部的事務更為重要，以往他們專注怎樣將「世界」帶入「教會」，但現在卻要將「教會」帶進「世界」去；以往關注的是「來」，現在關注的是「去」。[123]

其實早在 2006 年，Alan Hirsch 在 *The Forgotten Ways: Reactivating the Missional Church* 一書中已經預言了由「教會為中心」到「使命為中心」的範式轉移。他還引用了 Darrell Guder 的話，上帝是「宣教的神」，而教會就是「被差遣的人」。[124] 在約翰福音 20 章 21 節中，耶穌說：「父怎樣差遣了我，我也照樣差遣你們。」Frost 與 Hirsch 稱上帝為「宣教的神」，把祂的兒子差遣到我們的世界，進入我們的生活，進入我們的歷史。[125]

經歷了新冠肺炎這場世紀大疫症，每個國家城市鄉村都受到嚴重影響，整個世界都在經歷了範式轉移的大變，「新常態」的生活模式已經來臨。教會絕不能坐以待斃，期望回復舊有模式，而是要向前看，回應當下，重塑及轉型。

3/ 第三步：神學反思

第三步為神學反思，從聖經及神學的角度出發，分析三個變數：「教會」、「使命」和「土地／空間」的關係，從而產生三個「教會在地上的使命」，包括「管家」、「款待」和「共享」，使教會所在的土地得到轉化。

教會

在舊約中，希伯來文「קָהָל」(qahal) 代表「聚集在一起的一群人」或「一群屬神的人在一處地方敬拜神」(申10:4，23:2–3，31:30；詩 22:23)。在新約，希臘文「ἐκκλησία」(ekklésia) 翻譯為「教會」，指「聚集的一群人」或「屬於基督身體的信徒」。ekklésia 在希臘的日常用法，是指「由市鎮辦事員召集的公民公開集會，以解決公民事務」。[126] 根據《史特朗經文匯編》，可以把「ἐκκλησία」(ekklésia) 分為兩部分，分別是「ἐκ」(ek)「從某處出去」及「καλέω」(kaleó)「被呼召的」。一併解釋 ekklésia 的時候，便是「一群在世上被上帝呼召出來的人」，而這群人聚在一起便成了「教會」，即基督的身體。[127] 故 ekklésia 的原意，並不一定涉及「建築物」。若是指「神的殿或教堂的建築物」，便有另一希臘文「κυριακος」(kuriakos)，這字是由「κυριος」(kurios) 而來，即是「屬於主」的意思。J. R. Woodward 與 Dan White Jr. 在 *The Church as Movement: Starting and Sustaining Missional–Incarnational Communities* 解釋到教會並不是一座建築物，也不是每週的一個崇拜聚

會，而是一群從這世界被呼召出來屬神的人，然後被差派再進入世界，讓其得救贖及更新。[128]

根據福音書的記載，在耶穌的教導中，只有兩次提及 ekklésia，分別是馬太福音 16 章 18 節：「我要把我的教會建造在這磐石上」；馬太福音 18 章 19–20 節，耶穌說：「我又告訴你們：若是你們中間有兩個人在地上同心合意地求甚麼事，我在天上的父必為他們成全。因為無論在哪裏，有兩三個人奉我的名聚會，那裏就有我在他們中間。」在使徒行傳中，ekklésia 這字常指聚集的各地信徒，如耶路撒冷的教會（徒 5:11）、安提阿教會（徒 13:1）和凱撒利亞教會（徒 18:22）。[129] 在保羅的書信中，每一個獨立地方的信徒都被形容為「教會」，如哥林多前書 1 章 2 節提到的哥林多教會[130]、啟示錄提到的七個地方教會等。同一個字 ekklésia，代表地方教會或普世信徒群體（徒 9:31），但並沒有涉及到用「建築物」來形容教會。

根據 Michael Goheen 分析有關 ekklésia 這字時，他說，這字很明顯是代表由舊約以色列人的聚集，延伸到新約的教會[131]，他強調 ekklésia 是指上帝在不同的地方，招聚了一群人，形成一個獨特的群體。耶穌受死復活之後，神的國度就由以色列的選民，延伸到不同國界的外邦人當中。正如在使徒行傳 1 章 8 節中講到，新約教會「並要在耶路撒冷、猶太全地，和撒馬利亞，直到地極，作我的見證。」

使命

在聖經中，使命（Mission）被定義為屬靈的「差遣」（Sending），目的是成就上帝的救贖計劃。聖經一般以動詞形式運用「差遣」這個詞，都是以上帝為主角的。在舊約希伯來文中，主要是用「שלח」（shalach），意思是「差遣」。[132] 上帝是主體，差遣一客體，可以是一個人或一個群體（申 9:23）。[133] 在新約中，「差遣」這字的希臘文是「ἀποστέλλω」（apostelló），由兩部分組成，分別是「ἀπο」（apo），意思是「由某處離開」，及「στέλλω」（stelló），即是「出去」，整個字的意思就是「由一更高權力差派去完成某個使命」。[134]「差遣」（apostelló）相比「出去」（stelló），有加強的意思，意味著差遣者與被差遣者有一個緊密的關係，或可引伸到上帝與使徒的緊密關係。正如主耶穌親自差派門徒處理特別任務（可 11:2）、差遣十二門徒出去（太 10:5）、或差遣天使等（可 13:27）。另一希臘文「πέμπω」（pempó）也有「差遣、轉送、允許出去或推進」的意思[135]，強調「差遣」這個動作[136]，而 apostelló 是有關「從上帝差遣的特別任務」[137]，並且是「由上帝的主權差遣去服侍祂」的意思。[138]

萊特在《宣教中的上帝》一書中強調，「使命」一詞不單是用來形容人所作的使命，而是有更深層的神學意義，因為上帝才是「使命」的中央核心。他定義「使命」為：上帝的子民在上帝的邀請和命令下，委身參與在上帝的計劃當中，就是為了救贖上帝在世界的創造。[139] 上帝的使命，就從舊約的選民中開始，延續至新約教會，直到耶穌的第二次再來。

土地/空間

本研究的其中一個變數是「空間」。牛津字典對「空間」的定義是：「一個免費、可用或未佔用的連續區域或廣闊土地。」[140] 這研究將「空間」與「土地」兩個概念互相更換，因為「空間」和「土地」關係緊密，而「土地」在整本聖經中擔當非常重要的角色。有關「土地神學」最著名的著作之一是《土地神學：從聖經信仰看土地的賞賜、應許和挑戰》，由舊約神學家布魯格曼撰寫。他在書的開頭表示：「土地是聖經信仰的中心主題，可能是最中心的主題。」[141] 聖經一開始便讓我們知道上帝創造天地，土地是上帝給人類的禮物，人類也是從土地而來。聖經的最後一章記載，因著上帝的救贖，人類可以有新天新地，住在神的當中。土地與人類的生活密不可分，土地亦是展示人類歷史的舞台。

在舊約，主要有兩個希伯來文來形容「土地」：「אֶרֶץ」（erets）和「אֲדָמָה」（adamah）。較全面和用得最多的是erets，意指整個地球（創11:1）、地球與天堂的對比（傳5:1）、宇宙或天堂（創1:1；賽1:2）[142]，也可以指一般地域的意思（撒下24:8），或政治上的分界（申1:5）。另一個代表土地的希伯來文是「אֲדָמָה」（adamah），與亞當「אָדָם」（adam）是同一字根。亞當是世界上第一個人，是神從地上的泥土造出來的，而人最後也會回歸土地。故adamah可以翻譯為「泥土」或「土地」。[143] 布魯格曼解釋從聖經的文字可以看到人類與土地的緊密聯繫，人類的希伯來文是 adam，而人類的屬靈伙伴是「泥土」adamah，人類與土地就如立約的關係那麼密切。[144]

在新約，最常用作土地的希臘文是「γη」(ge)，可指地理位置或地界（太 9:26、31）、應許之地（徒 7:3）、普天下人所住的地方（啟 3:10）、或發生重大事件的舞台（太 23:35）。另一個可翻譯為土地的希臘文是「τόπος」(topos)，可指是農業用地，或有特別地形的土地（太 13:31）。[145] 另一希臘文是「χώρα」(chora)，可定義為空間、地方或土地。根據《史特朗經文匯編》，chora 的意思是空曠廣闊的想法；空間，即領土裏面的空間（廣泛包含其居民）──海岸、縣、田野、地面、土地、地區。[146]

將以上三個變數：「教會」、「使命」和「土地／空間」，引申到以下的三個「教會在地上的使命」，包括「管家」、「款待」、「共享」，讓教會所在的土地得到轉化。

教會在地上的使命：「管家」

創造

從創世開始到整本聖經的結束，我們知道上帝親自任命人類「管家」的職分。當上帝創造天地到第六天的時候，祂吩咐人類：「要生養眾多，遍滿這地，治理它；要管理海裏的魚、天空的鳥和地上各樣活動的生物。」（創 1:28）神指派人類去管理整個創造，神是希望人類能在祂的創造計劃中與祂「同工」。Munther Isaac 在其名為 *From Land to Lands: from Eden to the Renewed Earth* 一書中認為，上帝的心意是要人類「著

地」(Landed)，意思是「人類是一個活在有神同在的土地上的群體，人類可以工作，其他生物又可以棲息的地方。」[147] 亞當被呼召成為園丁，他的使命就是要管理和發展整個花園[148]，伊甸園便是上帝委派亞當工作的地方。[149]

舊約人物

創世記 43–44 章中出現的希伯來文語句「בַּיִת עַל אֲשֶׁר」(aser al bayit)，即是「管理整個家庭的人」，是指一個管家或僕人主管其主人的整個家庭。如約瑟曾作波提乏的管家，幫他打理家中一切事務（創 39）。以賽亞書 22 章 15 節告訴我們，「財務主管」也可用來指管家（賽 22:15），其他與管家職分相類似的有「首領」（代上 27:22）、「軍長」（代上 28:21）、「族長」（代上 28:1）、「謀士」和「元帥」等（代 27:34）。在但以理書中的「太監長」便是為尼布甲尼撒王管理一切事務，包括培訓那些少年人和管理他們的膳食（但 1:11、16）。[150]

以色列人

布魯格曼解釋，當上帝把祂的選民從為奴之地拯救出來後，「耶和華你的神領你進他向你列祖亞伯拉罕、以撒、雅各起誓應許給你的地。那裏有城邑，又大又美，非你所建造的；有房屋，裝滿各樣美物，非你所裝滿的；有鑿成的水井，非你所鑿成的；還有葡萄園、橄欖園，非你所栽種的；你吃了而且飽足。」（申 6:10–11）他解釋上帝要以色列人成為好管家，將應許之地視為送給他們管理的禮物，而不是給他們白白佔有的。[151] 布魯格曼進一步解釋土地作為神的禮物，是帶有責任的，神給他們土地管理的

律法，就是要他們明白如何生活在這恩典裏。[152] 律法是提醒以色列人不要忘記神怎樣給他們土地，不要像其他外邦王一般統佔和濫用土地作私人財產，他說：「以色列人必須好好管理這上帝託付的土地，但他們並不擁有這片土地，猶如這是他們自己的財產一樣。」[153] 「應許之地」就是神託付給以色列人的禮物，要他們與神「一同管理」和「一同創造」。

新約教會

在新約聖經中，管家的希臘文是「οἰκονομία」(oikonomia)。這字的第一部分「οἶκος」(oikos) 意思是「房子」，第二部分「νέμω」(nemo)，意即「管理或安排」，連在一起便是一個人管理那家庭的大小事務，如行政、管理、統籌等。[154] 一位管家可以是「奴隸」或是「自由的人」，也可以是管長、財務長、執事（林前 4:1）、教會中的監督（提 1:7），或教會中的平信徒（彼前 4:10）。耶穌教導門徒要管理好所給他們的東西，他以「才幹的比喻」來讓門徒明白要把主人給他們的資源好好運用，不能把它們埋在地裏（太 25:14–30）。保羅談到神託付給他的恩典，是要帶到以弗所的弟兄姊妹當中，他說：「諒必你們曾聽見神賜恩給我，將關切你們的職分託付我。」（弗 3:2）。保羅解釋他得到神託付這職分，就是為要配合上帝的救恩計劃。[155]

使命

其實很多教會都擁有從上帝而來的土地資源，不應像耶穌所說的那把資源埋在地裏的僕人。教會要有管家的使命，把土地或空間好好管理、設計、運用和發展等，而不是白白浪費了上帝給教會的寶貴資源。管家職分就是現今教會的一大使命。

教會在地上的使命：「款待」

以色列人

以色列人是上帝的選民，上帝賜給他們應許之地。當他們佔領了這片土地之後，原住民無論在政治及宗教上都屬於「外族人」和「敵人」。律法的精神是要他們去學習如何「款待」這群「外族人」（利19:33；申10:13，24:17、19），並提醒他們從前如何在埃及為奴的悲慘經歷（出22:21，23:9；利19:33；申10:19）。[156] 上帝的心意是希望以色列人不要欺壓外族人（出22:21-22），更要帶著祂的公義關懷孤兒寡婦，給予陌生人衣著與食物（申10:18-19）。以色列人要把愛帶給外族寄居的，讓他們融入猶太文化與信仰，向他們展示神的憐憫，引導他們接受上帝的愛。[157] 布魯格曼指出，作為「著地」（Landed）的以色列人，土地的使命就是要款待那些「無地」（Landless）的人，特別是那些貧乏的（出23:6；申15:7-11）、陌生的（出21:21-24，23:9）、寄居的

（申 10:19）、孤兒寡婦（申 24:19-22）、利未人（申 14:27）等。他解釋說，以上那些人因為沒有土地，沒有權利，也沒有尊嚴，所以擁有土地的便要因著上帝的愛，去款待和關顧那些沒有土地的人。[158]

舊約人物

亞伯拉罕展示了如何慷慨地款待三個陌生人（創 18:1-8），不單態度懇切，還提供他們住宿，洗他們的腳，為他們預備筵席。羅得對兩位客人也有很好的接待，保護他們免被其他人性騷擾（創 19:1-11）。[159] 喇合接待兩位來到耶利哥的探子（書 2），最後亦只有她一家免遭滅亡（來 11:31；雅 2:25）。[160] 大衛款待約拿單的兒子，讓他可以同席吃飯（撒下 9:7）。以利亞在撒勒法被一寡婦接待，那寡婦也從中得到祝福，她的獨生兒子亦從死裏復活（王上 17:10）。[161]

耶穌與福音書

耶穌在他的傳道生涯中經常接受款待（太 13:1、36；可 1:29，7:24，9:33，11:11，14:3；路 7:36，8:3，10:38，14:1、12，19:5；約 4:40，12:1），有些是他主動要求的（路 9:51，11:5，14:12、15）。[162] 耶穌差派十二門徒（可 6:8-11）和宣教的七十人（路 10:1-12），便是假設他們能得到應有的款待，耶穌向門徒解釋，接待他們的就是接待差派他們來的人（太 10:40；約 13:20）。[163]

耶穌作為一個陌生人來到這個世界（可12:1–12；約8:14、25），這種陌生意味著世界對祂的敵意（弗 4:18）。信徒在世上也同樣變得陌生（約15:19，16:14–16），是寄居的客旅（彼前 2:11）。希臘文「ξέν–」(xen–)，意思是「外族」，也可以指「客人」或「主人」（羅 16:23）。路加福音10 章 25–37 節中的「好撒馬利亞人」的故事提醒信徒，要成為弱者和邊緣人士的好鄰舍。原文使用的一詞是「φιλοξενια」(philoxenia)，意思是對陌生人要有愛，要有好客款待的心。耶穌說：「因為我餓了，你們給我吃；渴了，你們給我喝；我作客旅，你們留我住；我赤身露體，你們給我穿；我病了，你們看顧我；我在監裏，你們來看我。」（太25:35–36）

早期教會

在早期教會歷史中，款待是傳揚福音中一項極重要的任務。保羅吩咐信徒對陌生人要殷勤款待（羅12:13），不要忘記用愛心接待客旅（來13:2）。彼得前書 4 章 9–10 節提到，能夠接待是上帝給人的禮物。作為教會領袖，需要有願意款待人的心（提前 3:2；多 1:8）。還有很多有關早期教會實踐款待的例子，如保羅的（徒 16:14，17:5–7，18:7–27，21:4–6、8，21:16，28:7；羅 16:1、23；門 22），彼得的（徒 10:6、18、32、48），和其他使徒的（約二 10；約三 5–8）。[164]

使命

與以色列人一樣，教會要實踐耶穌教導的款待，讓擁有的土地成為照顧

鄰居、客旅和邊緣群體的地方，並在土地上促進和實現正義和平等的天國價值。[165] 教會的使命就是要敞開大門，並盡量善用土地或空間，歡迎和照顧社區的鄰居，特別是弱勢群體和貧困者，讓他們參與使用教會的空間。款待就是現今教會的一大使命。

教會在地上的使命：「共享」

創造與亞伯拉罕

土地是上帝給全人類的禮物與祝福，人類的生存也有賴於土地。Munther Isaac 認為伊甸園對人類十分重要，因為這是一處給人愉悅和休息，又受到上帝祝福的美好地方。[166] 他解釋說，這片土地是受造物的祝福之源，生命和豐盛都是從這片土地流向其他土地，象徵著這片土地比其他土地的優越，也象徵著所有受造物對這片土地的依賴。[167] 亞伯拉罕被召離他的家鄉去到遙遠的地方，上帝就是要透過他去祝福萬族萬邦，神說：「我必使你成為大國，我必賜福給你，使你的名為大；你要使別人得福。為你祝福的，我必賜福給他；詛咒你的，我必詛咒他。地上的萬族都必因你得福。」（創 12:2–3）亞伯拉罕的召命就是要將上帝給他的祝福分享給地上其他的人。

以色列人

以色列人得到應許之地，其實是有其使命的，就是要祝福萬族萬邦。萊特把這使命的角色稱為「宣教使命」（Missionary Mandate）[168]，即以色

列人透過律法，讓人看到他們是上帝的子民，以及能夠認識上帝。在利未記 25 章 23 節中，上帝對以色列人說：「地不可永賣，因為地是我的；你們在我面前是客旅，是寄居的。」上帝是那位神聖的「地主」，而以色列人是被揀選的「房客」。以色人同樣要與鄰舍分享上帝給他們土地的祝福，在土地上行公義，好憐憫。利未記 25 章描述了安息日和禧年的原則，即土地不得被濫用或永久佔用。禧年就是本著救贖與和解的精神，每五十年就要將土地歸還給原擁有者。Isaac 稱以色列為一個「理想社群」，即是一個從其他國家中分別出來的神聖國家。[169] 他解釋在共享和包容性的土地原則下，就是要平等對待所有種族和不同社會背景的人。[170] 以色列人應本著社會和經濟公義平等的精神，實踐上帝的律法。

利未記引出另一個共享和祝福的原則，可被稱為「不拾取遺落的」(Gleaning)，「在你們的地收割莊稼，不可割盡田角，也不可拾取所遺落的。不可摘盡葡萄園的果子，也不可拾取葡萄園所掉的果子；要留給窮人和寄居的。我是耶和華你們的神。」(利 19:9–10) 土地擁有者不應該收割到田地的邊緣，田裏剩下的都留給有需要的人和寄居者來拾取，作為他們的食物。這是一個安全網，是給附近貧困者的關懷。[171] 遂特 (Leonard Sweet) 在他的書 *Rings of Fire: Walking in Faith through a Volcanic Future* 中稱之為「剩餘神學」[172]，他解釋每次耶穌施行有關食物的神蹟時，總是有剩餘的。在「五餅二魚」的故事中，耶穌從五個麵包和兩條魚開始，倍增至足夠五千人食用，最後更剩餘了十二籃子。「不拾取遺落的」的精神就是將我們剩餘的，與有需要的人分享。

Robert Linthicum 在 *Transforming Power: Biblical Strategies for Making a Difference in Your Community* 一書中介紹了另一個有關地土的概念叫「平安社會」(Shalom Community)。[173]「Shalom」一般翻譯為「平安」，但 Linthicum 指出其實這是一個極其豐富的概念，一個涵蓋日常生活所有關係的綜合詞，表達了以色列甚至整個世界人類的最理想生活狀態。[174]「Shalom」是一個整全的概念，不只是包括心理狀態，也可以指身體健康（詩 38:3）、安全感（士 6:23）、力量（但 10:19）、長壽直到自然死亡（創 15:15）、豐盛和飽足（伯 5:18–26；詩 37:11；哀 3:16–17；亞 8:12）、王朝的興旺（士 18:5；撒上 1:17），以及戰爭的勝利等（士 8:4–9）。[175]「平安社會」是人類最美好的生活模式。[176] 上帝的旨意就是將「Shalom」藉著祂的選民帶到世界，創造一個有祝福、平安、公義和經濟公平的世界。[177]

早期教會

Isaac 稱土地是要與人分享的，而不是要擁有的，是為社會公益的禮物。[178] 早期的信徒實踐「凡物公用」的原則，在使徒行傳 2 章 44–45 節中，「信的人都在一處，凡物公用，並且賣了田產、家業，照各人所需用的分給各人。」希臘文是「κοινός」(koinos)，即「所有人一起分享」的意思。[179] 同一個字在使徒行傳 4 章 32 節再次出現，強調早期教會的信徒因著當時的社會環境惡劣，都願意與其他有需要的人共享財物。正因他們這樣的慷慨共享，上帝就將得救的人，天天都加給他們。他們不單是分享財物，還會開放自己的家，讓信徒進來聚會，這便是「家庭教會」的開始。

保羅在書信裏談及到不同的「家庭教會」，包括亞居拉和百基拉的（林前 16:19；羅 16:3–5）、腓利門的（門 1:2）和老底嘉的等等（西 4:15）。

使命

如果叫現今的信徒變賣自己的資產來凡物公用可能不太可行。但若教會能清楚明白，其土地或空間都是上帝施予的禮物，是會友共同擁有的資產，教會便應該將其土地或空間，甚至信徒的家或辦公室，變成對社區有需求人士的祝福。「共享」就是現今教會的一大使命。

從土地到土地的轉化

土地為禮物

現今教會應該採用舊約的土地使命模式，去發揮教會所擁有的土地空間的巨大潛能。土地空間其實是教會擁有的最寶貴的資產之一，是上帝託付於教會的禮物，教會在其土地上有上帝的宣教使命。教會要做好管家，確保這寶貴資產得到妥善管理、運用、設計和發展，不被浪費，並與上帝在土地空間中共同創造。教會又應當開放土地空間，款待社區的鄰居，讓他們進來休息、閒聊、溫習和工作等。作為上帝的禮物，教會要善用土地空間，祝福社區的貧窮人、弱者、受壓迫者，以及被邊緣化的群體等，與他們共享。

回應社區

Isaac 強調教會存在於某一片土地，就是要為這土地而活，並從土地的社區環境中找到教會的使命[180]，但教會卻不應把自己某些目的強加於這片土地。他說教會與其周邊土地的關係應該是非常密切的，當地的社群、人口、歷史、環境等衍生出教會的使命。他在結論說：「土地的宣教神學應由該土地衍生出來。」[181] 這也意味著每間教會都需要認定自己的土地，並稱這片土地是上帝賦予教會的主權領域。因此，教會要明白被上帝放置在某片獨特的土地上，就是要愛和關懷土地周圍的人。

整全使命

Isaac 聲稱，土地神學涉及社會、政治和經濟領域，不僅是關於個人靈魂的救贖。他說上帝的使命是整全的，因此教會的使命也是整全的。[182] 福音應該包括個人靈魂的救贖和社會的關懷，兩者不應該分開。就像流亡在巴比倫的以色列人一樣，教會應該要像耶利米書 29 章 7 節所說的：「我所使你們被擄到的那城，你們要為那城求平安，為那城禱告耶和華；因為那城得平安，你們也隨著得平安」。教會在其土地上，要展現整全的福音，即神的平安、公義和憐憫。

從土地到土地的轉化

漢斯·昆（Hans Küng）認為，上帝使以色列這片微小之地成為全世界的中心，有其救贖的目的。[183] Goheen 形容，以色列在周圍都是異教的地理環境下，目的就是要成為「世上的光」。[184] 他說上帝首先讓亞伯拉罕和他的後裔建立以色列成為一個偉大的國家，然後透過以色列人去祝福

其他周邊的民族和所有創造物。[185]

Isaac 在其土地神學的討論中解釋，以色列人從沒有土地（曠野），到擁有土地（應許之地），再到失去土地（流放），土地都是一個中心主題。[186] 耶穌基督的受死和復活，就是讓人類可以重新得到「土地」。新的「土地」不只限於以色列人原有的應許之地，而是由耶路撒冷作為中心擴展到猶太全地、撒馬利亞，直到世界每個角落的「土地」（徒 1:8）。Isaac 在書中進一步闡述，土地神學是從「單一」的以色列土地開始（Land），去到「普世」的土地（Lands），透過耶穌基督，土地就由「單一」變成「普世」了。[187] 他斷言土地神學的本質是宣教性或擴張性的，新約教會的使命就是將舊約以色列的土地模式，複製到世界各國的土地。作為書中的核心論點，Isaac 將這個轉化現象稱為「從土地到土地的轉化」（Transformation from Land to Lands）。[188]

Goheen 稱教會為「天國社群」（Eschatological Community），即不只是著眼於身處的社區[189]，而是有一個無邊界的使命，要將天國福音傳揚到地極去。[190] 上帝將某教會設於某個國家某個城市，是有祂獨特的旨意，教會應超越自己本身的土地或空間，將眼光擴展到其教會以外的土地，延伸到城市的土地，甚至到國家的土地。正如上帝在創世記 13 章 14–17 節中告訴亞伯拉罕：「從你所在的地方，你舉目向東西南北觀看；凡你所看見的一切地，我都要賜給你和你的後裔，直到永遠。我也要使你的後裔如同地上的塵沙那樣多，人若能數算地上的塵沙，才能數算你的後裔。你起來，縱橫走遍這地，因為我必把這地賜給你。」Isaac 強調亞伯拉

罕的土地似乎沒有固定的邊界，並會繼續延伸出去。[191] 同樣，教會要有一個更宏大的宣教願景，去轉化及重塑社區、城市和國家的土地。正如馬太福音 5 章 5 節所說：「溫柔的人有福了！因為他們必承受地土。」

總括來說，教會要繼續延伸，「要擴張你帳幕之地，張大你居所的幔子，不要限止；要放長你的繩子，堅固你的橛子。因為你要向左向右開展；你的後裔必得多國為業，又使荒涼的城邑有人居住。」（賽 54:2-3）正如 Isaac 所說，教會是要尋求「土地到土地」的轉化，又或可說是「空間到空間」的轉化。

4 / 第四步：轉化實踐

第四步為「轉化實踐」，筆者採用了「建構主義紮根理論」(Constructivist Grounded Theory) 的方式進行質性研究，訪問了十間在不同社區，以不同模式進行空間重塑的教會或使命群體。透過半結構性的訪問，與有關教會的領袖或負責人，深入瞭解其計劃的具體細節後，再作編碼分析，找出了六個主題。「建構主義紮根理論」這種理論建構模式，需要研究者作為教會空間的專家參與其中，與受訪者共同建構新的理論。

主題一：實現宣教使命

教會空間閒置

空間是教會最寶貴的資產之一，大部分受訪者都表示教會擁有很多空間，主要在週末使用，平日卻很少有人進來，覺得十分浪費。有樓上教會表示，吸引街上的人進來十分困難，許多大廈又不容許外牆掛上教會宣傳標語或十字架等。

未能實現宣教使命

有受訪者表示，社區對空間有莫大需求，無論是休息、約朋友、上網，還是溫習。他們很想成為好管家，但又無法吸引人進來使用教會的空間。有人覺得教會的設計主要圍繞崇拜和其他宗教活動，所以大部分空間都不太適合非信徒使用，同時亦會令許多非信徒卻步。有受訪教會表示傳統的空間模式實在很難實行宣教使命，覺得需要有一些中性的空

間，成為教會對外接觸的橋樑。亦有受訪者解釋，現今大多數教會已經老化、過時，與社會脫節，無法有效地回應城市當前的需求和挑戰，覺得教會需要轉型。

重塑空間來實現宣教

所有受訪教會都有城市宣教的異象，但認為傳統教會的空間不太有利於宣教工作。他們需要做的第一件事是每天打開教會大門，歡迎陌生人自由進出。有一位受訪者稱他們的空間就是每天對外開放的一個「窗口」，重塑空間就是要讓教會更容易去接觸非信徒。有一位受訪者強調，空間不僅是為外面的人而開放，也是為裏面的人而開放，讓教會更容易走進社區，擴闊教會城市宣教的異象。所有受訪者都表示，他們重塑空間的目的只有一個，就是更有效地實現他們在社區宣教的使命。重塑空間是一個幫助教會開闢新的宣教機遇的平台，促進教會以更有效的方式實現和發展上帝在其社區的使命。

主題二：有效的重塑空間

吸引的設計

空間設計的成功與否非常重要，包括燈光、氣氛、佈置、傢俬等。教會應視設計裝修為一個投資，是為將來進入教會的人使用而打造的，而不是為了教會弟兄姊妹內部使用。多位受訪者強調，設計是吸引外面的人進來的原因，亦是他們逗留時間長短、會否再來或帶朋友來的原因。特

別對年青人來說，時尚、簡約、舒適、乾淨的環境非常重要，特別要有「打卡點」，讓年青人可以在社交媒體上與朋友分享他們在這空間的體驗。

有一部分受訪者分享，需要令使用者「喜歡」這裏的設計，「喜歡」這個空間，「喜歡」空間裏的人。一位受訪者分享，最初他們沒有意識到設計的重要性，但由於他們的設計吸引，很多人「喜歡」來到他們的空間。另一位說，在開張之前，花了相當多時間來做設計和建立形象，包括名稱、商標、品牌等。他們進一步解釋，真人的生活故事對外面的人來說是最有趣的。因著他們有趣的故事，吸引了許多基督教和非基督教媒體前來拍攝和採訪，很多看過他們故事的人亦被吸引到來。

去宗教化

很多信徒也觀察到宗教化的空間會令非信徒卻步，甚至抗拒。大多數受訪者覺得要採用非宗教的設計，讓公眾不會感到不舒服。重塑空間就是要成立一個中性的平台，讓內部和外部，神聖和世俗，信徒和非信徒，都可以找到一個共融的空間。

大部分的重塑空間都有一個獨特的名字，不會採用教會原本的名稱和標誌。其中一位受訪者告知，儘管教會和空間在同一個地方，他們刻意隱藏教會的名字，並為空間另起一個時尚的名字。有一位受訪者將教會和空間分開了兩個入口。另一位告知，他們在運作一個純商業的空間，裏面沒有任何宗教展示，而教會只是每週使用空間幾個小時來聚會。有幾

位受訪者稱，有許多次使用者來到，卻沒有意識到空間背後原來是一間教會。他們解釋，空間讓非信徒對教會產生一種新的想像，打破了傳統神祕不可接近的形象。一位受訪者強調，他們不會在空間內與使用者直接傳福音，確保他們不會感到壓力，可以舒適地使用他們的空間。

地點方便適中

有幾位受訪者告知，他們盡量每天都穩定地向公眾開放，希望與早期教會一樣，天天都可以與使用者互動。空間的位置和樓層都很重要，由於香港地產成本高昂，租用建築物的一樓或地下空間是非常昂貴的，但大多數受訪者都刻意將他們的空間置於大廈的低層，盡可能靠近街道，讓街外的人易於看見，又可減低人們從街外進來的障礙。有一間使命營商的餐廳特別租了一個地舖，以便途人隨時可以進來找牧師聊天或禱告。另一受訪者特別從同一棟樓的高層搬到一樓，因為一樓有樓梯直達街上，方便他們服待的基層人士進來。

可持續性

無論是以教會為基礎或是營商宣教，空間的可持續性是非常重要的，能夠保持與使用者穩定接觸和互動。對於一些營商的群體來說，他們需要有一個可行的企業計劃，找到市場定位，保持競爭力。有一位營商了十年的受訪者強調，他們必須有專業技術和穩定的盈利，才能在市場上持續地發展。另一位表示，儘管擁有偉大的願景，亦要持續經營，看見一些善意的信徒創辦了咖啡室，但最終因為經營不善，在短時間內也要結

業。另一位教育領域的受訪者分享，作為向公眾開放營商的空間，他們覺得師資和課程的質素是最重要的。

關係建立

大多數受訪者強調，建立關係是必然的，除了在空間硬件上吸引使用者持續到來使用，也要在軟件上配合，即如何關懷使用者，與他們建立關係。幾位受訪者表示，在空間中舉行不同的活動只是聚集人的一種方法，但實際上更需要與來者建立友誼和長遠的關係。一位受訪者提到，他們的空間所打造的環境，讓使用者感受到有人願意聆聽和關懷，讓他們能夠分享生命，並有機會和他們一同禱告。

主題三：對會眾的影響

空間本身就是使命的信息

大多數的受訪者都認為，建立這樣一個空間並不容易，在過程中，都有很多障礙需要克服，如資金和會眾的支持等。當空間開放了以後，會眾便會逐漸轉化，對社區變得更加敏感，又看到教會不再是內聚的，而是面向社區，慢慢明白教會存在於社區的真正使命，就是要開放、共享、款待和關懷鄰居。有一受訪者說，重塑空間本身就是宣教使命的信息，而教會就活在這個信息當中。

空間轉化教會文化

大部分受訪者解釋，突破教會根深蒂固的內聚文化是很難的，但他們認為，教會的文化必須改變，會眾必須離開他們多年來佔據的安舒區。有一小型中產樓上教會，只有五六十名會眾，安坐教會的長凳許多年。當教會向社區開放以後，他們見到教會逐漸轉化，並看到鄰居的需要，開始積極參與教會的不同活動，服侍邊緣群體。這教會在七年間，已經發展到四百多名會眾，現在中產與基層信徒都在一起崇拜。

另有受訪者稱，在討論和準備空間活化的過程中，為教會領袖和會眾帶來了更多團結。起初，一些會眾對空間持懷疑態度，但空間翻新完成和開放以後，他們會在崇拜之後留下來享受這個空間，亦會帶同朋友、家人和同事等在空間內舉辦派對和其他活動。這個空間自然地打開了會眾背後的網絡，讓未信的可以進入教會，這是以前從未發生過的。

空間為服侍平台

幾位受訪者告知，他們的空間已成為服侍社區的平台。其中一位將他們的教會發展成為一個一週七天，從白天到晚上都開放給基層街坊的空間。另一受訪者解釋，空間使他們的教會從一個聚會場所轉化成一個服侍平台。他們的牧師聲稱，過往會眾每週只來教會一次，坐下幾個小時，參加崇拜和接受餵養便離開。但現在他們回來是為了侍奉神，可能一週回來幾次，空間無形中便將教會的會眾轉化成更有使命感的群體。

空間為差遣平台

其中幾位受訪者解釋，他們的空間已經成為差遣和訓練會眾進入社區的基地，例如去不同的學校、公園或基層家庭探訪等。另一位受訪者說，他們教會不僅是一個服侍平台，又是一個差遣平台，他不希望會眾留在教會，而是鼓勵他們出去服侍社區，甚至叫他們在各自的職場建立營商宣教的空間。

主題四：對社區的轉化

空間與社區互動

所有受訪者都說，重塑的空間可以更有效地吸引社區的人進來，讓他們有更多接觸非信徒的機會。有幾位受訪者甚至分享，在空間內，他們更容易與外來的人分享福音，認為重塑空間為他們帶來一個絕佳的實踐宣教平台。

空間延伸至社區

大多數的受訪者告知，空間幫助他們將視野拓展到教會的四面牆以外，促進他們更有效地進入社區的空間。大多數受訪者表明，他們的使命不限於在室內的空間發生。相反，他們會將影響力擴展到社區裏，並進到人們的空間建立社群。超過一半的受訪者會定期探訪貧窮家庭、新移民、

劏房住客、癌症病患者等。有一位更聘請無家者、戒毒者及更新人士，在他們的餐廳工作。另一位會在公園和老人院定期舉行崇拜。一位受訪者強調，他們希望讓會眾走出空間，進入社區，他們稱之為「外展式的信仰」。另一位亦使他們的共享自修空間延伸到附近不同的學校，透過社交平台與學生互動。

空間建立社群

大多數受訪者表示，他們的空間已成為聯繫和建立社群的平台，透過提供中醫義診、派飯、英語課程、支援特殊兒童家庭等社會服務，吸引了社區不同的人加入。幾名受訪者為兒童開設課程，又在兒童課程旁邊開設家長興趣班。透過開辦這些課程，讓參與者在空間裏找到同聲同氣的社群。另一位還分享，每週的課程就像團契小組一樣，當他們成為朋友，便會期待下次的見面。

空間轉化社區

幾位受訪者告知，透過他們的空間，他們目睹許多使用者或受惠者的生命得到轉化。一位受訪者看到，他們不僅要滿足受惠者物質上的需要，更要與他們同行，協助他們自力更新。漸漸地許多人信主、洗禮，成為教會的成員。有些人成為義工，參與侍奉；亦有些人成為教會服侍的同工，甚至在他們服務的領域繼續進修，生命得到極大的轉化。

主題五：激勵其他教會

激勵其他教會

幾位受訪者表示，他們的空間已經成為其他教會的「示範單位」，許多教會前來參觀，除了在設計上可以讓其他教會借鑑，他們還舉行講座，分享營辦空間的異象和困難。一位受訪者表示，他們的牧師現在正積極開辦課程，教授其他教會領袖如何服侍邊緣群體，很多教會前來參與，並將所學的帶回自己教會，開始類同的服侍模式。

其中一位受訪者聲稱，香港教會正在進行一項空間轉化的「運動」，他認為教會需要建立網路，互相支援。他們亦很歡迎其他教會來參觀，由於他們較早採用共享空間的概念，他們希望可以激勵其他教會，進行類同的空間轉化。

空間成為合作平台

有幾位受訪者提到，他們的空間不再像以往那樣，侷限於教會內部使用，因為他們的國度觀都已被改變了。幾位受訪者分享，他們的空間吸引了不少來自其他教會的信徒前來學習，並在他們的空間做義工，一同服侍。另一位受訪者稱，當教會被改造成一個中立的事工平台後，他們驚訝地發現，其他宗派和機構都可以在他們的空間一起服侍。一個國際教會現在定期在他們的空間協助基層學生補習英語，又有另一個機構與他們合作進行友師計劃。

另一間教會分享，他們相信「一家教會」（One Church）的概念，服侍社區不僅是由一間有資源的教會去做，而是由所有同區教會一起合作。他們現正利用教會部分空間作為食物銀行，收集及分發食品和物資，透過教會網絡，輸送到其他有需要的同區堂會。另一位辦教育的受訪者利用他們的空間聯繫了不少鄰近的教會，合作開辦了許多活動。教會介紹學生來上藝術和音樂課程，他們又會轉介學生回到鄰近的教會接受牧養。他們希望能與更多教會建立網絡，互相合作和支援。

一位受訪者談到，他們曾經在空間裏經營市集，目的是打開教會，讓社區的人知道他們的存在。由於是第一次辦市集，他們便與另外兩間有辦共享空間的教會合作，在連續的週末舉行市集，共享資源，包括材料、裝飾物，甚至檔主和工作坊等。透過這種形式的合作，每一個市集都吸引了數百人前來參與。

主題六：進入其他空間領域

空間複製和發展

所有參與者都告知，隨著空間的開展，他們產生了更多新的想像，可能與最初的異象不同，或可能有新的發展方向。大多數受訪者都認為，他們要超越本身的空間，持續發展，並且擴展到其他空間領域，可能是複製，又可能用不同的形態出現。一位辦學的受訪者稱，他們的異象不僅

限於一個特定的空間，而是要將他們的模式複製到其他教會，希望能多做培訓教會的工作。

其中一位受訪者告知，他們最近邀請共享自修空間的學生參加夏令營，其中很多同學都信了主，所以決定開辦一間新的學生教會。另一位在過去十年經營髮廊和餐廳的教會，最近亦在附近開辦了一所幼兒學校。有一位正在開辦多一間新的餐廳，因應另一區的需要而做不同類型的餐飲。亦有另一受訪者分享，由於過去兩三年有大量信徒移民離開香港，又無法在當地找到合適的教會，他們仍然繼續參加教會線上崇拜。教會就計劃在不同城市，組織實體小組，如香港的小組一樣，尋找當地的傳道人負責牧養小組成員。

空間延伸到家庭及辦公室
一部分參與者，特別是從事營商宣教的，都鼓勵信徒去探索其他空間領域，將空間延伸到家庭及職場的辦公室內。一位受訪者解釋說，他們希望利用教會營商的空間，向會眾展示信仰和工作之間的關係，鼓勵信徒將他們的影響力帶進職場和家中。

空間延伸到社交媒體
有幾位受訪者解釋，社交媒體可以有效地協助宣傳他們的空間，推廣活動，以及創造教會與非信徒互動的新模式。幾位受訪者表示他們在 IG (Instagram) 上有數百甚至數千名追蹤者，社交媒體的影響力和動員能

力，比起傳統派傳單或個人邀請更為有效。實體空間又可以和社交媒體互相配合，令推廣宣傳更加有效。

一位受訪者稱自己為其空間 IG 帳號的小編，投放很多時間在 IG 社交平台上，與追蹤者互動，建立關係。她會定期上載一些有吸引力的照片，有意思的字句或問題，又會在適當的時候，私訊追蹤者，作關懷和建立關係。這樣就在教會周邊建立多一個新的群體，一個未信的群體。

空間延伸到虛擬空間

疫情下的「新常態」為教會及其使命帶來了新機遇。疫情期間，大多數教會別無選擇，只能在網上舉行崇拜和聚會。即使在疫情緩和後，大部分教會都繼續維持線上和線下的混合聚會模式。幾位受訪者談及他們對這個新空間領域的探索，普遍都認為這個領域具有巨大潛力，需要進一步探索。有一名受訪者表示，在疫情爆發前，他們已經在實體空間和虛擬空間同時運作，並建立了一個頗強的線上線下平台。疫情期間，他們覺得有需要建立一個媒體工作室來製作他們的網上節目。他們解釋，儘管大多數教會已經恢復了實體崇拜，他們仍然保持大量線上會眾。他們表示不希望線上的參加者只是家庭觀眾，認為有必要與這些人聯繫，建立真實關係。他們目前正在計劃聘請一名「線上牧師」(Online Pastor)，專門牧養網上群體。

最近很多人都談及「元宇宙」和「元宇宙教會」(Metaverse Church)，其巨大的潛力是傳統教會不能忽視的。空間轉化不僅發生在實體空間裏，也可以發生在虛擬空間之中，教會在新常態下，要不斷轉化更新，迎合新一代未來的需求。

5 / 理論構建

下圖總結了構建的六個主題和各個次主題。第一個主題是關於「甚麼」；第二個主題是關於「如何」；第三、四和五個主題是關於「影響」；第六個主題是關於「未來」。

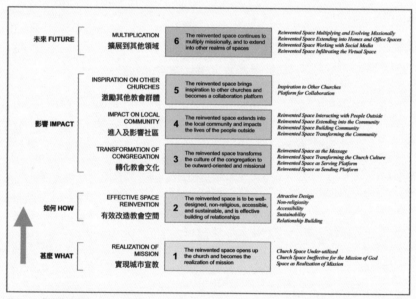

圖3：「使命空間」六大主題　　　　　　　　　　　　　　　　王緯彬

香港教會在一週的大部分時間都面對很多閒置空間的情況，亦發覺吸引人進來有極大困難。為了有效地實踐使命，教會必須首先開啟大門，從內向型的模式轉化到面向社區，重塑、共享和發展他們最寶貴的資產——空間，實踐神要教會在社區的使命（主題1）。

為了提高空間的有效性，空間的設計要吸引、簡約、舒適，才能得到使用者的喜愛，特別是對年青人，同時要「去宗教化」，令未信者不覺得抗拒。地理位置要方便適中，並維持穩定的開放時間。空間要有持續性，與使用者保持長期關係。當使用者繼續返回和參與空間有關的活動，建立有意義的關係就變得更容易（主題2）。

重塑的空間可以產生三方面的影響。首先是對教會的會眾（主題3），空間令會眾明白教會是開放、共享、以及要款待非信徒的，並要挑戰教會的傳統內聚文化，鼓勵會眾走出安舒區，面向社區，將教會空間轉化為服待社區的平台，及差遣會眾進入社區。第二是社區的受惠者（主題4），重塑的空間讓教會得到更多與非信徒互動的機會，令教會的空間超越四面牆，延伸到外面社區的空間，並協助使用者建立社群，促進關係建立，令使用者的生命得到正面的影響和轉化。第三是對其他教會的影響（主題5），重塑的空間可以感染其他教會，讓他們前來參觀，領受異象，又是一個跨宗派的合作共享平台。

此外，重塑的空間會持續地複製、發展和演變（主題 6），以不同形態在不同空間領域出現，可能在某人的家、辦公室、學校等。在新常態下，重塑的空間可以包括社交媒體的虛擬空間，甚至擁有極大發展潛力的元宇宙空間。

這項研究從三個變數——「教會」、「使命」和「空間」開始，透過「建構主義紮根理論」的方式進行質性研究，讓現今教會可以更善用閒置空間，更有效地去實踐城市宣教。正如眾受訪者表明，教會的空間經過改造、更新、重塑，能更有效地接觸社區，建立關係，實踐神的宣教使命。總括而言，研究所構建的理論是：**「重塑的空間能有效地實踐神的使命，對教會內外都產生轉化和影響，並持續發展到其他空間領域」**，或可以簡稱為**「使命空間」**（Missional Space）。

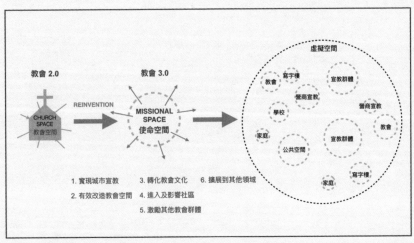

圖 4：「使命空間」理論構建

王緯彬

MISSIONAL SPACE

PART 2

實踐·使命空間

第二部分：24 個使命空間的實踐
realization of 24 missional space

1 / 使命空間的光譜

在搜尋研究對象的過程中，透過公司的關係網絡、朋友介紹、互聯網搜索等，發現香港最少有四五十個「使命空間」，並以不同型態在不同社區及環境下出現。其中一些比較保守的，是將現有教會部分或全部的空間改造，亦有些注入了商業元素，以「營商宣教」(Business As Mission)或「使命營商」模式出現，甚至有部分會脫離傳統教會的框架，以牟利或非牟利形式，獨立成為一些另類的使命群體。由最傳統保守的到進取另類的，不同空間的演繹，可以分為七大類，組成一個光譜，以下列出了它們的不同用途和功能：

1/ 沒有改造的教會	2 / 改造教會部分的空間	3 / 改造教會整體的空間	4 / 教會和使命營商在同一的空間	5 / 教會以外使命營商的空間	6 / 獨立使命營商的空間	7 / 另類使命群體的空間
	咖啡角	咖啡角	咖啡室	溫習空間	運動健身中心	機構共享空間
	溫習空間	溫習空間	髮廊	藝術中心	書店	社企初創空間
	共享廚房	青年空間	寵物餐廳	音樂中心	餐廳	咖啡學校
	運動空間	圖書館	幼兒中心	派對房間	畫廊	網上教會
		社區飯堂		精品店	輔導中心	辦公室教會
		食物銀行		特殊教育中心	二手店	家庭教會
				社區中心		微型教會
						元宇宙教會

列表 4：使命空間的光譜　　　　　　　　　　　　　　　　　王緯彬

光譜中的第一類是「沒有改造的教會」,這是最大的群體,九成以上的教會都是這個保持傳統教會空間的模式,主要功能圍繞週日的崇拜活動。這些教會沒有進行任何形式的空間改造,這種模式對很多人來說,特別是在教會多年的人可能仍然有效。第二和第三類是已經進行了「改造教會部分的空間」和「改造教會整體的空間」,教會崇拜和聚會等都在同一空間內發生。第四、五、六類是注入了商業元素,以「使命營商」模式出現。第四類是「教會和使命營商在同一的空間」,即教會和營商活動都在同一個空間裏發生,可能平日是以商業模式運作,教會隱藏在營商背後,在一週中的某些時段才會使用這個空間。第五類是「教會以外使命營商的空間」,可能是由教會差派出來,在教會以外建立的獨立場所,但教會仍然繼續以某些方式支持他們。第六類是「獨立使命營商的空間」,可能是一些不想隸屬於某教會,或是已經離開了教會的信徒獨立開辦的。最後,第七類是「另類使命群體的空間」,他們不一定是營商或建立教會,但可能是一群有使命的人獨自建立,每個都有自己不同的型態或獨特性,有些可能已經發展成為宣教群體或另類教會,各有特定服侍的群體。

原本的研究只有十個案例,但為求令此書更加豐富,這部分就在第二類到第七類中挑選了共二十四個已實踐的案例,以匿名形式作簡單介紹。

2/ 改造教會部分的空間

這個模式最保守，適合一些比較難作出大動作改變的教會，目的是要教會做好管家的角色，將神給教會的空間運用得更好，務求改造教會平日閒置的空間。這個做法比較簡單容易，不需要太多資金，阻力應該不會太大。教會首先要明白這空間不是為了自己弟兄姊妹而設的，而是一個投資，投資到未來會進來用這空間的人身上，建議改造空間的硬件設施如下：

– 空間最好有獨立門口，令抗拒宗教的人不會卻步，教會分開使用另一個門口
– 空間應改一個新名字，使用新 logo，減少有關宗教的東西，也就是去宗教化，避免讓非信徒覺得他們要進入教會
– 如果空間的服務對象是年青人，裝修設計非常重要，應以時尚、簡約、舒服和乾淨為主
– 設計應以白色、天然木材為主調，再加點綠化裝飾
– 設立「打卡位」，吸引年青人與他們的朋友在社交平台分享
– 創造一些「Hea」(休息)位，讓年青人可以有舒適聚集的位置
– 可從網上訂購一些簡單時尚的傢俬、枱凳、燈飾、小擺設、裝飾、植物等，一般價錢都比嵌入式傢俬為便宜
– 將最好的位置留給客人，最好有自然採光，就像去餐廳一樣，一般人都會選擇坐在近窗口的舒適位置，避免用折疊式桌椅
– 最好能分開「嘈」(吵鬧)區和「靜」區，一般開放式廚房都會放在「嘈」區，接近門口，最好有大吧枱，可以聚人
– 「靜」區供年青人溫書、補習等，可以有些獨立「自閉位」，或開放多用途房間，折疊式桌椅也可以
– 開放式廚房最好有咖啡機、焗爐等，方便開辦興趣班

– 放置像便利店的玻璃雪櫃，提供樽裝飲料、小包裝零食、杯麵等，方便使用者飲食，讓人可以長時間逗留

– 最好配置黑板，像咖啡室裏的那種，展示一些金句或咖啡圖像等；還有水松板，展示照片，凝聚社群

– 一般收費都是自由奉獻，有些教會或會表示「有人已經幫你付款，你的奉獻是祝福下一位朋友」

– 地方要保持乾淨、整齊、美觀，不要見到多餘的雜物

– 建立 Instagram 社交平台，配合吸引的照片、文字、短片，製造多點聲音，吸引多點追蹤者，以配合實體空間的運作

– 在社交平台與追蹤者多點傾談，彼此認識，即使見不到真人，也能維持互動，建立關係，關懷牧養

教會要明白，這個空間就是讓教會進入社區的一個窗口，神使教會座落於某個社區就是要在這裏宣教，建議空間應配備的軟件如下：

– 最好安排有宣教異象的同工當值，接觸新來的朋友，建立關係

– 開放時間要夠長和穩定，否則會讓常客感覺不方便

– 多開辦一些軟性活動和興趣班等，並歡迎非信徒來租場，讓他們更多參與教會空間的使用

– 可嘗試做市集，開放教會大門，讓社區知道教會的存在

– 可嘗試用空間做社關服務，例如派飯、派物資、托兒、補習等，接觸和服侍基層人士

– 不要 hard sell（硬推）福音，務求與參與者建立關係，讓基督教文化感染他們

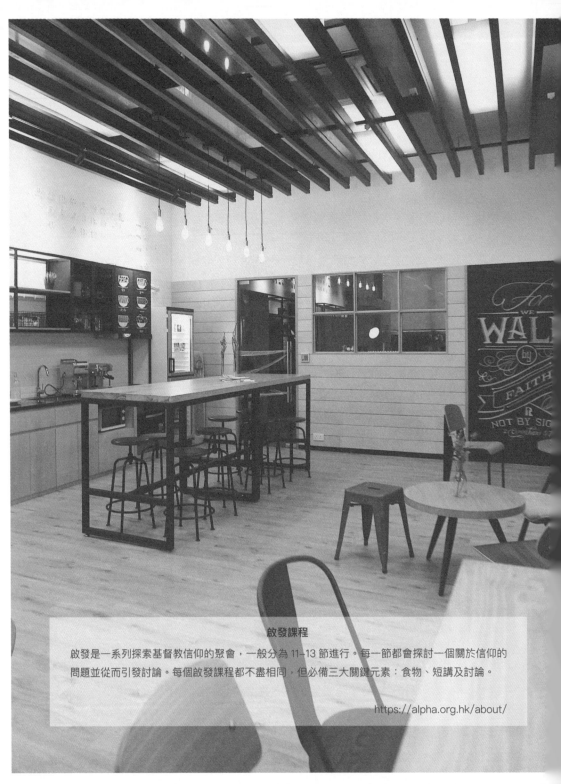

啟發課程

啟發是一系列探索基督教信仰的聚會，一般分為 11–13 節進行。每一節都會探討一個關於信仰的問題並從而引發討論。每個啟發課程都不盡相同，但必備三大關鍵元素：食物、短講及討論。

https://alpha.org.hk/about/

2.1 共享開放

地點	南區
空間	一樓教會，獨立門口
開放年份	2018
物業	自購
設計	cafe style 共享空間、平台後園
配備	咖啡機、玻璃雪櫃、焗爐、木傢俬、BBQ 等
目標群眾	學生、白領、教會弟兄姊妹背後的網絡
主要用途	溫習、興趣班、租場、啟發課程等
收費模式	自由奉獻

「空間讓人走進教會，又讓教會走出去。」

異象：牧師見到很多人在教會附近的一些咖啡廳聚集，溫書、做功課、約朋友、打機、上網等，但教會有很多閒置的地方，平日都沒有人用，覺得很浪費，所以很想改造教會的空間，吸引這些人進來使用。

空間設計：將教會入口大堂改造為共享空間，放置不同款式的木製傢俬，例如枱、凳、書架、小擺設等，其中最受歡迎的是大吧枱，後面是一個開放式廚房，有共享的咖啡機，還有放滿飲品的玻璃雪櫃等。另外空間新造了一個霓虹光管 logo，取了一個新名字，給人煥然一新的感覺。曾經有人想來教會，但是找來找去都找不到，原來誤會這裏是咖啡室！牧師還說，雖然飲品、興趣班、租場等都是自由奉獻，但空間不但收支平衡，每年都有盈餘！

轉化影響：每次有人租場，牧師都會用十分鐘來認識新來的朋友，介紹一下教會和這個空間的特色。自從有了這個空間，很多從來都不會來教會的人，如弟兄姊妹的家人、同事、朋友等，都因為有人邀請而有機會踏進教會。會友也因為有了這個空間，覺得教會以前內向型的文化都得以改變，更能進入社區，接觸到更多街外的人。

未來發展：教會希望午膳時間可以吸引多點附近的上班族過來午膳，下午開放給學生，週六舉辦不同的興趣班，並且開展晚間的啟發課程。

「教會買下一個地方，但只在週末使用，事實上很浪費。每次我去市中心吃飯，見到咖啡室裏都坐滿了人，需求真的很大，很多人都需要有一個可以工作，又坐得舒服的空間，為何不可以來教會呢？」

新移民

新移民領取綜援比率只有約 5%，公屋申請比率亦只有 20%，因人口結構較年輕，估計使用醫院
服務比率亦較低，但長久以來，香港一直面對房屋和貧富懸殊等問題，政府一直未有作出大改善。
另一方面，自由行、雙非、內地人才來港，政府也未有作出配套支援，新移民成了社會問題的代
罪羔羊，社會彌漫著一股排斥新移民情緒，指控他們佔用香港資源福利，對社會造成沉重負擔。
部份市民諷刺新移民為蝗蟲，掠奪本港資源；在反水貨示威及雙非事件上，部分人將政策措施失
當的怒氣宣洩於新移民身上，更有團體公然煽動公眾仇視內地人及新移民；網上有不少抹黑新移
民的資料，例如改圖改對白、失實報導，調侃新移民，模仿他們的口音等，加深許多人對新移民
的負面刻板印象。

https://soco.org.hk/pr20210912/

2.2　與新移民互動

地點	觀塘區
空間	商廈中層
開放年份	2021
物業	會友自購單位，再平租給教會
設計	多用途共享空間
配備	開放式廚房、木梯級、多用途房間、物資儲存等
目標群眾	新移民、社區基層人士、家庭、學生、白領等
主要用途	派發物資、舉辦興趣班、社區關懷等
收費模式	會員制

「我見到教會很封閉，與社區沒有甚麼關係，只是自己內部一班人聚會和團契。我希望教會實踐大使命、大誡命，於是推動城市宣教的教導，開始發展社區內的宣教工作。」

異象：牧師過往在蒙古宣教多年，回港以後，希望在教會推動本土宣教工作。見到香港有很多新來港人士，他就在教會開展一個新事工、新平台，推動宣教，進入社區，又可以幫助會友運用恩賜去開班服侍社區人士。

空間設計：以「喜樂的心乃是良藥」為主題金句，中庭的天花設計是一個木架，好像一格格的藥盒，又有十二個好像藥一般的吊燈。中庭空間有可以坐的台級，方便聚會，又有開放式廚房。

轉化影響：起初沒有這個空間時，弟兄姊妹只在教會內開班，邀請人有點困難，很多人都不願意來。後來教會有了另一個單位，加上疫情開始，牧師見到契機，就出去社區派傳單，讓有需要的人上來拿物資。慢慢發覺，教會的物資和奉獻都越來越多，甚至有外面的非信徒組織都支持教會的基層工作。弟兄姊妹見到新朋友來到，生命得到改變，他們也開始被轉化。

未來發展：很多教會都來參觀他們的空間，跟他們學習如何做社關工作。牧師覺得過往幾年是在撒種，現在開始是收割的時候。

「疫情一開始就為我們帶來一個新的契機，讓我們接觸
到超過五百個基層人士。疫情將不同的人帶來，很多是
弱勢群體，大部分都沒有聽過福音。」

疫下學童少運動恐礙成長

疫情下不少學校暫停面授課程，基層學童學習困難大增。兒童事務委員會於 2021 年 1 月 28 日召開第 9 次會議，有委員指學生因學校轉為網上教學，不但影響學習成效，亦減少運動及音樂等課程，影響成長；而且家長須在家陪同，影響收入，關注港府能否在安全情況下放寬回校學童比例。政務司司長張建宗主持會議，會上介紹當局支援措施，委員吳堃廉指，網上教學主要集中於中英數等主要科目，功課量較多，學童變相長時間坐在書桌前學習，影響成長。部分學校雖會拍攝影片教導學童在家做運動，但基層家庭未必有足夠空間及流動數據，難以受惠。

https://hk.on.cc/hk/bkn/cnt/news/20210128/bkn-20210128200425411-0128_00822_001.html

2.3 社區足球

地點	大角嘴區
空間	二樓教會，三樓有大平台
開放年份	2018
物業	自購
配備	室外人造草場、看台、燒烤爐等
目標群眾	基層街坊、中產家庭、兒童、長者等
主要用途	幼童小型足球、世界盃嘉年華、中秋晚會、燒烤等
收費模式	正常商業收費，教會資助有需要家庭

「讓教會弟兄姊妹明白足球場就是與社區連結的一道橋樑，教會可以透過足球去發展更多社區事工。」

異象：教會傳道人因過去從事學生工作而考取了足球教練牌。來到教會後，他見到樓上有一個二千多呎的平台，但平日很少使用，一年只用來舉行一次戶外浸禮，和兩三次燒烤活動。傳道人覺得很浪費，很少教會有這麼大的平台，就將平台活化成為一個人造草場，又邀請非洲專業足球教練來教授足球訓練班，吸引鄰近的家長帶幼童來參與。

空間設計：新造的人造草坪、小龍門、防撞墊、圍欄、看台、電幕等。

轉化影響：教會弟兄姊妹起初都抱著懷疑態度，不明白教會為甚麼要造一個足球場。但是從一次中秋晚會開始，他們見到外面很多的街坊家庭來參與，包括幾十個小朋友，就開始明白和認同足球事工就是在建造一道橋樑，來聯繫社區不同的人，讓他們都可以進入教會。之後在疫情期間，他們更發展了社關事工，例如派飯、派物資、探訪等。

未來發展：傳道人希望繼續善用球場發展不同事工，例如長者門球、戶外體育活動，以及與足球有關的活動等，又計劃在教會裏面開設共享空間，配合平台事工的發展，讓教會更有效地接觸及進入社區，又為舊區的基層人士和新搬入區內的中產家庭提供一個共融的空間。

「之前有人挑戰我，為甚麼要在這裏做足球場，但自從舉辦世界盃活動和足球訓練班之後，他們就開始認同這個地方是用來做社區工作的。」

3 / 改造教會整體的空間

這個模式難度稍高，因為全間教會都要改變，適合一些因老化而需要大規模裝修的教會，有些教會會藉此將堂會裏的軟硬件設施一同改造，但需要教會上下一同領受異象，又要有足夠的資金，實在不容易推動。教會首先要明白，這空間不是為了自己弟兄姊妹而設的，而是一個投資，投資到未來會進來用這空間的人身上，建議改造空間的硬件設施如下：

– 空間最好有獨立門口，令抗拒宗教的人不會卻步，而教會分開使用另一個門口

– 空間應改一個新名字，使用新 logo，減少有關宗教的東西，也就是去宗教化，避免讓非信徒覺得他們要進入教會

– 如果空間的服務對象是年青人，裝修設計非常重要，應以時尚、簡約、舒服和乾淨為主

– 設計應以白色、天然木材為主調，再加點綠化裝飾

– 設立「打卡位」，吸引年青人與他們的朋友在社交平台分享

– 創造一些「Hea」（休息）位，讓年青人可以有舒適聚集的位置

– 可從網上訂購一些簡單時尚的傢俬、枱凳、燈飾、小擺設、裝飾、植物等，一般價錢都比嵌入式傢俬為便宜

– 將最好的位置留給客人，最好有自然採光，就像去餐廳一樣，一般人都會選擇坐在近窗口的舒適位置，避免用折疊式桌椅

– 最好能分開「嘈」（吵鬧）區和「靜」區，一般開放式廚房都會放在「嘈」區，接近門口，最好有大吧枱，可以聚人

– 「靜」區供年青人溫書、補習等，可以有些獨立「自閉位」，或開放多用途房間，折疊式桌椅也可以

– 開放式廚房最好有咖啡機、焗爐等，方便開辦興趣班

– 放置像便利店的玻璃雪櫃,提供樽裝飲料、小包裝零食、杯麵等,方便使用者飲食,讓人可以長時間逗留

– 最好配置黑板,像咖啡室裏的那種,展示一些金句或咖啡圖像等;還有水松板,展示照片,凝聚社群

– 一般收費都是自由奉獻,有些教會或會表示「有人已經幫你付款,你的奉獻是祝福下一位朋友」

– 地方要保持乾淨、整齊、美觀,不要見到多餘的雜物

– 建立 Instagram 社交平台,配合吸引的照片、文字、短片,製造多點聲音,吸引多點追蹤者,以配合實體空間的運作

– 在社交平台與追蹤者多點傾談,彼此認識,即使見不到真人,也能維持互動,建立關係,關懷牧養

教會要明白,這個空間就是讓教會進入社區的一個窗口,神使教會座落於某一個社區就是要在這裏宣教,建議空間應配備的軟件如下:

– 最好安排有宣教異象的同工當值,接觸新來的朋友,建立關係

– 開放時間要夠長和穩定,否則會讓常客感覺不方便

– 多開辦一些軟性活動和興趣班等,並歡迎非信徒來租場,讓他們更多參與教會空間的使用

– 可嘗試做市集,開放教會大門,讓社區知道教會的存在

– 可嘗試用空間做社關服務,例如派飯、派物資、托兒、補習等,接觸和服侍基層人士

– 不要 hard sell(硬推)福音,務求與參與者建立關係,讓基督教文化感染他們

CDF 兒童發展基金

兒童發展基金於 2008 年成立，是一個結合了社區家庭、商界，及政府三方資源的跨界別協作項目，旨在促進弱勢社群兒童的較長遠發展，從而減少跨代貧窮。

https://www.cdf.gov.hk/tc/aboutus/components/introduction.html

3.1 合作侍奉平台

地點	油尖旺區
空間	一樓教會
開放年份	2020
物業	租用
設計	青年共享平台
配備	玻璃雪櫃、木傢俬、乒乓球枱、Band 房、室外平台、BBQ 等
目標群眾	學生、職青、家庭、長者、基層等
主要用途	補習、英文班、訓練、中醫義診、兒童發展基金活動、啟發課程等
收費模式	自由奉獻

「這空間的建立，令我們不再是一間教會，我們變成了一個服侍的群體。現在弟兄姊妹知道這裏是一個侍奉平台，因為他們回來只有一個目的，就是要侍奉。」

異象：教會原本是在商業大廈的高層，覺得很難接觸街坊，後來同一大廈的一樓單位放租，教會決定由高層搬到一樓，因為有樓梯直達地下，更方便接觸和服侍街外的人，又方便他們進來。

空間設計：設計特色是共享空間的天花中間吊掛著一個實木製的旺角街道圖，代表教會要關懷和服侍這個社區。其他設計都是圍繞著青年和基層事工來構思的，有木製傢俬、沙發、豆袋、開放式廚房、咖啡機、玻璃雪櫃等。他們特別為這個地方改了新名字，設計新 logo，不再叫教會，也就是「去教會化」，非信徒進來會覺得很舒服，不會抗拒。

轉化影響：弟兄姊妹因為教會空間的改變，開始明白這裏是一個服侍平台。牧師說，以往他們回來只是為了聚會，週日回來坐坐便離開，但現在他們回來是為了參與侍奉。這裏又是一個訓練基地，讓弟兄姊妹學習進入社區侍奉。他們可以透過這個地方，和其他機構甚至堂會一同合作侍奉，外面的人都會奉獻支持他們。

未來發展：牧師說，進駐了這個空間之後，才慢慢發現這裏的潛能，侍奉的想像就更加豐富，他們開展了中醫義診、校園事工、公園太極義工隊等。

「我們發現，教會開設這個空間之後，弟兄姊妹對教會
的想像就不再一樣。這空間改變了他們對教會的看法，
亦讓他們對教會未來發展有更廣闊的想像。」

IG 用戶量

With roughly one billion monthly active users, Instagram belongs to the most popular social networks worldwide. The social photo sharing app is especially popular in India and in the United States, which have respectively 201 million and 157 million Instagram users each.

https://www.statista.com/statistics/325587/instagram-global-age-group/

3.2 土地共享

地點	沙田區
空間	樓上教會，同一棟大廈多層都有教會
開放年份	2019
物業	自購
設計	Cafe Style 共享空間
配備	咖啡機、玻璃雪櫃、木傢俬、小擺設、Band 房等
目標群眾	學生、職青、家庭等
主要用途	溫習、工作、興趣班、租場
收費模式	自由奉獻

「土地神學的概念就是在教會擁有的土地之上，透過共享空間的理念，與一些有需要的人共享教會的土地，見證我們的信仰。」

異象：教會覺得土地是神給他們的重要資產，希望得以善用。牧師見到平日很多學生和家長都在同層的補習社排隊等候，很想邀請他們進來教會坐一坐，但大部分人對宗教都有點抗拒。教會就藉著冷氣維修工程，將空間重新裝修，打造成一個時尚的共享空間，開放給他們進來使用。

空間設計：將教會的空間分開了兩個獨立門口，一邊是教會入口，另一邊是共享空間入口，各有不同 logo。教會投票為共享空間選出新名字，製作了一個新的霓虹 logo，不帶一點宗教味道，非基督徒進來都不會覺得不舒服。共享空間有不同款式的木製傢俬、開放式廚房、咖啡機、玻璃雪櫃等，又有一個大格仔櫃，放置書籍、小擺設、小植物等，還有多個向窗的獨立「自閉位」，方便使用者安靜讀書和工作。他們覺得「打卡位」特別重要，用來吸引年青人，將照片分享到社交平台。

轉化影響：牧師覺得推動共享空間是一個運動，在這個充滿挑戰的社會環境中，教會應該考慮怎樣善用自己閒置的「土地」，回應社會的需求。他們很歡迎其他教會前來參觀，與他們分享營運心得，彼此鼓勵。他們曾與兩間在其他區域的教會合辦市集，共享資源、人力和經驗等。教會開放了兩天，讓社區幾百人可以進來，而教會弟兄姊妹都積極參與，並開始明白教會開放的異象和意義。他們特別針對時下年青人使用社交平台的習慣，女傳道為共享空間開設了 IG 帳號，定期發佈一些吸引的照片，創造一些對話的主題，與年青人互動。她亦花不少時間與年青人私訊，建立關係，關心他們的需要。

未來發展：教會坐落在社區之中就是要宣教，他們準備註冊一間新公司，轉向營商宣教模式的發展方向。

「其實我們花了不少時間保養這個空間，保持美觀、
整潔和吸引。非信徒第一次來到就會喜歡這個地方，
所以時尚的設計是非常重要的。」

首爾咖啡教會（CAFE CHURCH）

"Most people like coffee, so integrating a coffee shop with a church is a great way to welcome non-Christians into our house of worship," said Ahn. "People come in here looking for coffee and look around the shop and they ask about the church. They're surprised and ask, why make the church like a cafe? I tell them we do it just for you!

https://www.christianitydaily.com/articles/9160/20180430/seouls-trendy-cafe-churches-cater-to-koreas-youth.htm

3.3 生活化的 Cafe Church

地點	觀塘區
空間	商廈二層，有扶手電梯直達
開放年份	2018
物業	租用
設計	Cafe Church
配備	開放式廚房、咖啡廳、多用途房等
目標群眾	區內上班的白領、學生、社區人士等
主要用途	主要開放午膳及下午時段、各種興趣班、生活化活動等
收費模式	自由奉獻

「新世代的年青人可能覺得舊的模式已經不合時宜，過往教會大多數是進行講道和唱詩歌等活動，但今天我們打開大門，用新的生活模式，新的場景與未信者連結。」

異象：教會裏沒有可以聚人的空間，會友在崇拜後找不到地方留下閒談，所以想像如果教會有一個好像咖啡廳的空間就好了。教會在搬遷的時候就設計了這個類似咖啡廳的空間，參考外國教會 Cafe Church（咖啡教會）的設計概念，用生活化的方式，去接觸及款待社區裏的人。

空間設計：空間有自己的名字和 logo，入口的位置設置大水吧和開放式廚房，以及一個大的中島，方便開咖啡班和烹飪班。另有多組沙發、枱凳、小擺設，配合柔和的燈光，以舒服的環境吸引人留下，與一般咖啡廳無異。

轉化影響：主要帶來三方面的影響，第一是會友可以留在這裏互相交流，彼此認識，又可帶親友回來，共享這個場地。第二是在這裏可以接觸街外的朋友，讓他們進來午膳、喝咖啡、休息，或參加興趣班。第三是參與服侍的義工得到訓練，習慣與陌生人互動。

未來發展：空間開放後，持續有很多其他教會的朋友到來交流學習，包括場地佈置運作、個別跟進、解決困難等，這空間變成了一個展示平台。傳道人希望可以感染更多教會開放，認為每間教會坐落在不同的社區環境，會友又有不同的負擔和恩賜，可以有不同模式的空間出現。

「越來越感受到教會空間共享是一個運動，神讓一些
教會用新的思維去接觸社區或未信主的人。」

食物銀行

食物銀行是坊間的非政府機構，如志願團體、環保組織等，用作設立回收及轉贈食物的平台，惠及有需要人士。社會福利署亦在 2009 年開始撥款予非政府機構在全港推行「短期食物援助服務計劃」，向難以應付日常食物開支的個人或家庭，提供食物援助。

https://www.consumer.org.hk/tc/shopping-guide/tips/2021-tips-food-bank

3.4 教會無牆

地點	大角嘴區
空間	商住大廈二樓
開放年份	2016
物業	自購
設計	傳統樓上教會設計，有長凳的大禮堂
配備	大廚房、課室、食物銀行、供無家者淋浴間等
目標群眾	基層、長者、SEN 兒童、新移民、少數民族、無家者等
主要用途	派飯、派物資、探訪、補習班、家長講座等
收費模式	自由奉獻

異象：多年來，教會都是一間幾十人的傳統中產樓上教會，有七千多呎地方，主要用作週日崇拜，平日很少使用。牧師大概七年前來到教會，見到社區不同階層的需要，決定打開大門，進入社區，開拓不同關懷貧窮和基層人士的服務，與他們同行，又讓他們可以進入教會。

空間設計：教會維持八、九十年代的傳統設計，沒有時尚的裝飾，牧師認為不需要，因為以服務和關懷就足夠吸引他們的受眾進來。由於送來的物資很多，特別是在疫情期間，多用途房間都用作儲物，教會有時亦會變成中轉站，分派物資到其他教會。

「上帝說要開放教會，進入社區。」

「最初我是自己落區，想看清楚社區的需要，然後在教會開展一些社區服侍，慢慢讓街坊走進來。以前我們的大門一直關上，要按鈴或叩門才可進來，於是我將大門重新打開，任何人都可以進來。」

轉化影響：有部分受助者轉化為教會義工或同工，更能有效去服侍他們所來自的群體，其中幾位更去升學進修，裝備自己去侍奉。教會中產的弟兄姊妹由不參與轉化到身體力行，現在中產和基層都一同崇拜，教會人數亦增加數倍，成為一間長期開放，充滿活力的社區教會。

未來發展：有很多教會，特別是中產教會都想開拓社區工作，特別是在疫情之下，但又不知該怎樣做。牧師很歡迎其他教會前來參觀，或讓其他教會的弟兄姊妹親身來做義工，實體參與體驗。牧師在這兩三年致力推動其他教會做基層社關工作，在不同場合，例如在教會和神學院等開班，分享經驗。

4 / 教會和使命營商在同一的空間

有小部分教會開始注入商業元素,也就是實行「營商宣教」或「使命營商」模式。在同一個空間裏,平日是營商的,教會只在某些時段使用。這模式使教會對外的觀感是商業營運,客人來到時不會覺得這個空間是教會,不會產生抗拒。這有點像一些宣教士去到某個城市或農村,開辦一個商業營運點去接觸當地人。如果要改變現有教會的空間進行營商,難度會比較高。如果是新辦的教會,或整間教會搬到一個新地方重新開始,可能會比較容易成事,有關建議如下:

– 空間的地點、市場定位、收支平衡、可持續性等都非常重要,例如有些不懂餐飲的教會開了餐廳不足一兩年就要結業,所以負責人除了有異象之外,都要對商業運作有一定的認識
– 裝修、品牌、形象設計都非常重要,同時需要有效的推廣宣傳,和營運社交平台等
– 教會進行營商,風險更大,若收支不平衡就對教會財政產生影響
– 社企(社會企業)屬於商業運作,但又可以幫助一些弱勢社群,弟兄姊妹一般對此都比較容易接受
– 有些空間為了維持生意,卻忽視了宣教,營商和宣教兩方面應該互相補足,以致達到雙贏的效果

Bible Board Games（聖經桌遊）

Board games are great for entertainment and for bringing people together. For Christian families and groups, Bible board games have the added benefit of introducing elements of biblical teaching or simply opening conversations about spiritual matters.

https://biblegamescentral.com/bible-board-games/

4.1　樓上餐廳

地點	油尖旺區
空間	商廈低層
開放年份	2019
物業	自購
設計	樓上商業咖啡室
配備	專業廚房、水吧、小舞台、格仔店
目標群眾	職青、學生、家庭等
主要用途	小食、興趣班、桌遊、市集、租場等
收費模式	商業

146

「教會的這一層樓之前只在週末使用，平日都是閒置的，所以就尋問怎樣可以將這個地方用得更好呢？可否以另一種新形式去運用教會的空間吸引人來呢？」

異象：教會有兩層單位，平日都很少使用，由於要進行裝修工程，便開始考慮教會未來應該怎樣發展。又見到教會出現年齡斷層，年青人很少，覺得傳統教會模式比較難留住人，所以他們就想用一個新模式去接觸街外的人。教會一班弟兄姊妹曾經去過泰北短宣，見到當地宣教士開咖啡室來宣教，建立教會，又能創造工作機會給年青人，所以就決定用教會其中一層來開辦咖啡室。

空間設計：餐廳設計很舒服，有木傢俬，及柔和的燈光。餐廳位於四樓，要搭電梯才可到達。空間約一千多平方呎，有大廚房和水吧，食堂佔據大部分空間，又有音響系統和小舞台，適合小型聚會、包場活動等，可以容納大約三十人。另外有「格仔舖」，售賣一些外地宣教士的產品。

轉化影響：與其他基督教群體合作舉辦聚會，如 board game 遊戲聚會、興趣班、家長聚會等，又試過與兩間教會合辦市集，開放了教會兩層的空間，讓附近鄰居知道教會的存在，而弟兄姊妹又可以與街外的朋友互動。

未來發展：希望可以跟進來過餐廳和興趣班的人，並與附近學校和機構合作，用餐廳來舉辦不同活動。

「我覺得咖啡室的環境容易吸引陌生人來。」

使命營商

選擇以 Business with Higher Purpose (BHP) 這個中性一點的詞彙來詮釋「使命營商」，是希望讓人能接受「使命營商」的做生意方案和方法。因為人開展一門生意，不會為做而做，這一定不能成功。他們總有目標、使命、價值觀，加上一個管理方案，這些都是生意的重點。例如使徒保羅織帳棚，與商人為伍，不一定靠教會供養。另外在中國唐朝時期，基督信仰是由商人開路，宣教士跟著一起，從絲綢之路傳入，稱為景教。在不同時代，宣教士亦乘搭商船向不同地方傳福音、扶貧和教學等，故此營商宣教和關懷社群關係密切，自古已然。

http://businesswithhigherpurpose.com/ 關於「使命營商」/

4.2 理髮營商

地點	東區
空間	商廈一樓，有樓梯直達
開放年份	2012
物業	租用
設計	髮廊、餐廳
目標群眾	髮廊顧客、家庭、學生、街坊、基層人士等
主要用途	營商、週日為教會
收費模式	商業模式

異象：創辦人覺得傳統教會一週只能見弟兄姊妹一兩次，未能有效地建立關係，影響生命，但如果在職場環境，每天都可以接觸，又可以很容易與非信徒互動。因此早在十年前，他們由教會差派出來，開辦了這間髮廊和咖啡廳。

「我們常常鼓勵弟兄姊妹不要內聚,而是多些
外出探訪、陪伴家人,或者約會很久沒有見面
的朋友。我們希望他們不要留在教會裏,而是
走出去,影響社區和自己周邊的人。」

「如同去柬埔寨宣教一樣，我們並不是要人進
入我們的文化，而是我們要進入他們的文化，
所以我們一直都在這裏實踐宣教。」

空間設計：地下有獨立門口和樓梯直達一樓，空間分為兩邊，一半是髮型屋，一半是餐廳，週日就兩邊打通，變成教會聚會的地方。

轉化影響：負責人說他們的理念是實踐「外展式的信仰」，除了開放空間讓人進來以外，教會都會主動進入社區。特別是區內有很多獨居長者，他們每月都會穩定地去探訪他們，建立關係，有弟兄姊妹會幫助一些獨居長者定期做清潔，陪伴他們去醫院覆診、做手術等。

未來發展：最近他們在附近租用了一個地舖，開辦幼兒興趣班中心，招收了不少外面的學生。每逢週日，有些父母送小朋友來上主日學，家長雖然不留下，但負責人相信這已是播種的開始。

營商宣教

洛桑運動 (The Lausanne Movement) 的營商宣教顧問邁茨·圖內哈格 (Mats Tunehag)，在 2004 年召集「第一屆全球營商宣教智庫」，從而結集《洛桑第五十九號專案報告》，並為「營商宣教」作出概括的定義：

– 可持續和有盈利的商業行動

– 定意對人及國家帶出天國目的及影響

– 著重經濟、社會、環境和靈性果效，並實現整全轉化

– 關顧世界上最窮困及最少聽聞福音的群體

http://www.chinesebam.com/what-is-chinesebam/

4.3 跑步宣教

地點	深水埗區
空間	地舖
開放年份	2019
物業	租用
設計	餐廳
配備	開放式專業廚房、咖啡廳
目標群眾	街坊、基層、跑友等
主要用途	餐飲、包場、派飯、中醫義診等
收費模式	商業

「每個人都是宣教士，弟兄姊妹要出去實踐宣教，走進社區，連結社區，在社區建立教會，他們不用回來這個空間，因為那裏才是教會。」

異象：以餐廳作為實踐營商宣教的場景，去接觸街外未信的人。牧師覺得整個營商宣教的文化是外展的，而香港傳統教會的文化卻是內聚的，很難有效地在城市裏實踐宣教。他說教會應該是有機的，不是要建立一個大組織或大教會。見到有些人在教會坐了幾十年，從來不走出教會，只是等著牧師來牧養，等了又等，年紀開始變大，再等一會，就到了退休的年齡，很難再有動力走出去，因為他們已經習慣了那種模式，習慣停留在安舒區。

空間設計：營商模式需要有持續性，所以在一個競爭激烈的市場上，要找到自己的定位，所以他們選擇去打造一間市場上獨一無二的主題餐廳。設計對他們來說非常重要，包括標誌、名稱、整體形象及室內裝修等，都是針對客戶來做的。客人喜歡這個地方，喜歡這裏的理念，喜歡這裏的食物，他們就經常來。有人情味的故事是他們的賣點，也吸引了很多傳媒來訪問。空間雖然不大，只是一個小小的地舖，但餐廳內的香港懷舊傢俬擺設非常吸引。

轉化影響：餐廳整體很有感染力，吸引了四面八方不同的人到來，無論是信徒還是非信徒。有人會找牧師閒談，牧師會為他們祈禱；有人在這裏信主、受浸；有人來做義工；有其他教會來向他們學習甚麼是城市宣教。

未來發展：牧師希望建立品牌形象，開設第二間、第三間，實踐營商宣教的模式，又可以複製到外地。他又鼓勵弟兄姊妹進入自己的職場，在不同的場景推動營商宣教。

「我們開餐廳的目的是為了宣教。若然
營商不是為了宣教，就沒有意義。我們
的營運模式，就是營商宣教模式。」

5 / 教會以外使命營商的空間

這個模式相比第四類,難度反而低一點,因為不用改變教會現狀,而是在教會以外開設一個新的地點營商。可以由教會主導、營運和資助,又可以由有異象的弟兄姊妹主導自資開辦,教會扮演差遣的角色,在背後祝福,和給予屬靈的支援。有一個案例,空間主要是營商的,然後他們將接觸到的人帶回教會接受牧養,不過這個模式不一定有效,有可能慢慢自己形成一個屬靈群體,甚至教會。有關建議如下:

- 空間的地點、市場定位、收支平衡、可持續性等都非常重要,例如有些不懂餐飲的教會開了餐廳不足一兩年就要結業,所以負責人除了有異象之外,都要對商業運作有一定的認識
- 裝修、品牌、形象設計都非常重要,同時需要有效的推廣宣傳,和營運社交平台等
- 教會進行營商,風險更大,若收支不平衡就對教會財政產生影響
- 社企(社會企業)屬於商業運作,但又可以幫助一些弱勢社群,弟兄姊妹一般對此都比較容易接受
- 有些空間為了維持生意,卻忽視了宣教,營商和宣教兩方面應該互相補足,以致達到雙贏的效果

基層學生

2020 年有調查顯示，內居於出租私樓劏房、板房的貧窮學童，其住屋環境明顯較居於公屋的學童為差，較多私樓兒童表示家中無可打開透氣的窗，劏房家中廚廁合一，家中居住環境（包括氣流通風、衛生等）欠佳，更增加疾病傳播的危機。另外，較多居於私樓的兒童表示家中沒有做功課的書枱、無安裝上網、無座枱或手提電腦，而電訊公司在舊樓或偏遠地區村屋 / 寮屋鋪線收費較貴，或不提供鋪線。即使家中可以上網，接收信號也較差，常斷線或開不到網頁，加上劏房租金及水電開支較重，令劏房家庭更無能力幫助子女跟上學習進度。

5.1 樓上溫習空間

地點	東區
空間	商廈二層
開放年份	2019
物業	租用
設計	共享溫習及工作空間
配備	大枱、獨立座位、多用途房間等
目標群眾	區內學生為主
主要用途	一週七天都開放的共享空間
收費模式	商業

「這個地方不是用作教會聚會的，而是要開放給外面的人，讓他們能夠進入使用，從而令我們可以彼此接觸。我們選擇了開辦共享空間，主要的服務對象是學生，給他們一個自修的空間。」

異象：一群年青人由開辦啟發課程到信主之後，希望延續神給他們的使命，由母會差派出來，開展一個商業共享空間，希望接觸社區的年青人。這地方對外是一個共享溫習空間，每一天開放十二小時，只有週五晚有兩三小時變身為崇拜空間。

空間設計：空間有自己的名字和 logo，裏面沒有半點宗教味道，設計很時尚，以白色為主，有人造天窗和植物，年青人會感覺舒服而留下。空間的中間有大工作枱，旁邊有多個「自閉位」，保持一個寧靜的環境，吸引很多區內的學生上來溫書、自修和工作。

轉化影響：一班弟兄姊妹特意回來與空間裏的年青人互動，彼此認識，建立關係，他們每週都會邀請年青人一起吃飯。空間雖然不足二千平方呎，但他們會舉辦市集，邀請年青人嘗試擺檔創業，利用社交平台發放消息，短短三天就有超過二千人次進場，大廈的電梯都逼到水洩不通。他們又在暑假舉辦夏令營，結果因為有幾十人信主而開辦了另一間學生教會。

未來發展：宣教對他們來說是最核心的工作，他們相信這個空間會以不同模式複製出去。不同的群體，不同的社區，空間的形態都可以不一樣，但核心是要宣教。

「開設這個空間的最大目的就是宣教，帶
　教會進入人群，這是最重要的。」

解開繁忙學童 「贏在起跑線」迷思

哪個家長不抱着「望子成龍、望女成鳳」的心態教育子女？然而，揠苗助長卻會適得其反。為了讓子女「贏在起跑線」，不少家長在幼兒時期已經開始「催谷」子女，更有甚者，不惜讓子女在幼稚園階段同時報讀兩間學校，令孩子疲於奔走。從幼兒到小學階段，不少學生下課後除了要完成功課，更被安排每週參加不同的興趣班或補習班。家長把孩子的時間表填得密密麻麻，把他們變成「繁忙學童」，不但無助孩子成長，久而久之更會影響孩子的心智和身體健康。

https://www.goodschool.hk/blog/91ee20e0-39b0-11e9-944e-47239e2f9130

5.2 在樹蔭下學習

地點	深水埗區
空間	工廈低層
開放年份	2019
物業	租用
設計	藝術工作室
配備	多用途房、畫室、音樂室、網店
目標群眾	兒童、學生、家長等
主要用途	藝術、音樂等各種興趣班
收費模式	商業

異象：創辦人在大學藝術系畢業以後，就覺得要用自己的恩賜來侍奉神。在牧師鼓勵之下，他借用了教會一間閒置的房間，開辦兒童畫班，接觸區內的小朋友、家長等，慢慢開始覺得空間不太夠用，便決定和幾位教會的年青弟兄姊妹合伙，搬到鄰近一個工廈單位，開辦藝術工作室。

「他們喜歡留下和我們聊天，甚至分享他們的內心
世界，之後又會主動叫我們為他們禱告。」

「我們希望與其他教會合作，他們介紹人來上堂，我們又會轉介我們接觸的人回教會接受牧養。」

空間設計：工作室門口的接待處設有禮品店，售賣自己設計的產品，網上訂購也可以來取貨；另有幾間多用途房間，除了教授藝術畫班，還有音樂班、興趣班等，並聘請了多名有同一宣教理念的導師。

轉化影響：他們認為基督徒要營商，在市場的競爭環境中，專業技術是首要的。他們見到很多人不願意進入教會，但這個空間就很不同，這裏是一個接觸人的窗口。在課堂中，小朋友可以畫出聖經的故事，家長每週到來，同工又有機會與他們建立關係，有時他們生命遇到問題都會與同工分享，同工可以為他們禱告。教會牧師一直非常支持他們，每個月都有祈禱會，又與慕道的朋友開辦查經班，每幾個月又會舉辦一次佈道活動。

未來發展：他們認為神的使命就是要橫向發展，聯繫其他教會，將他們教班的經驗及模式複製出去，在不同的教會裏發生，他們扮演的角色是訓練培訓導師（train the trainers）。

斜槓族

斜槓族（Slash）漸受全球青年擁戴，有商會調查發現，近 8 成半本地受訪青年認為興趣可發展成副業及增加收入，惟 4 成半人認為缺乏資源，建議政府可成為中間人角色，推動副業新常態，並提供更多資金申請計劃鼓勵發展副業。香港青年商會屬下分會半島青年商會商業事務組於 2021 年 3 至 5 月以網上問卷訪問 399 人，約 33% 受訪者擁有 1 份或以上的副業。調查發現，約 8 成半受訪者認為興趣可以轉化為副業，逾 7 成半受訪者希望透過興趣轉化成副業去增加收入，亦有 2 成人認為現時工作不能做至退休。不過，約 4 成半人認為於發展副業上，面對最大的困難是缺乏資源，包括資金、推廣平台和場地。

https://topick.hket.com/article/2986430/

5.3 慢活喘息空間

地點	灣仔區
空間	商廈高層
開放年份	2022
物業	租用
設計	多用途共享空間
配備	開放式廚房、共享聚會空間
目標群眾	年青人、學生等
主要用途	咖啡班、展覽、興趣班、零售、租場、合作平台
收費模式	商業

異象：創辦人覺得在社運及疫情期間，在城市裏很難找到一個舒服休閒，但又可以聚集人的地方，就開辦了一個以咖啡為主題的平台。他覺得咖啡可以幫助打開話題，接觸不同的人。

空間設計：空間是在商廈裏的高層單位，大部分都是落地玻璃，十分「光猛」和開揚。一邊是一個開放式大廚房，有大吧台和咖啡機等，另一邊是一個多用途共享空間，有級台、木製傢俬、燈膽吊燈等。他們覺得有「打卡位」非常重要，年青人喜歡「打卡」，又會在社交平台上載分享，幫助他們宣傳。他們吸納一些創新的產品，又提供嶄新的興趣班體驗，吸引時下年青人上來參與。

「我們不一定要隱藏信仰，而是建立一個有基督教文化的平台，成為一道對話的橋樑。」

「如果他們認同我們的理念，在這裏的體驗
覺得舒服，就會介紹朋友來。」

轉化影響：他們覺得這個世代就是要多與其他人 crossover 合作，他們第一個項目，就是利用這個平台，與一間 cafe 和五個藝術家合作，既可協助年青人創業，又可接觸到非信徒。

未來發展：他們希望發展與不同層面的人士合作，特別是社企，做一點有意義的項目，協助弱勢社群，回饋社會，讓基督教文化得以彰顯。

6 / 獨立使命營商的空間

由於教會要作出大變動，例如營商，一定會遇到大的阻力，可能部分人會支持，部分人會反對，討論多月甚至多年都未能成事。因此很多有此異象的弟兄姊妹寧可自資在外面創辦一個空間營商，而不是在教會裏做，靈活性會更高。最理想的方式或許是堂會或牧師扮演屬靈支援的角色，就算空間是獨立運作的，都能與教會保持關係。有一個案例，空間主要是營商的，然後他們將接觸到的人帶回教會接受牧養，不過這個模式不一定有效，有可能慢慢自己形成一個屬靈群體，甚至教會。有關建議如下：

– 空間的地點、市場定位、收支平衡、可持續性等都非常重要，例如有些不懂餐飲的教會開了餐廳不足一兩年就要結業，所以負責人除了有異象之外，都要對商業運作有一定的認識
– 裝修、品牌、形象設計都非常重要，同時需要有效的推廣宣傳，和營運社交平台等
– 社企（社會企業）屬於商業運作，但又可以幫助一些弱勢社群，弟兄姊妹一般對此都比較容易接受
– 有些空間為了維持生意，卻忽視了宣教，營商和宣教兩方面應該互相補足，以達到雙贏的效果

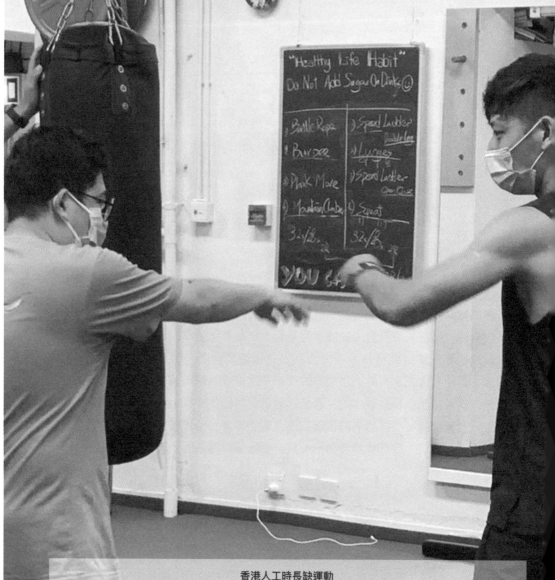

香港人工時長缺運動

香港運動員在 2021 年東京奧運中屢獲佳績，但有組織發現，香港打工仔女做運動的情況未如理想，有逾四成人每週做運動不多於一次，部分人更從不做運動，當中很大部分是因為工作忙碌和工時過長。組織形容，香港可能是「全球打工仔女最少運動的地區」，促政府訂立標準工時、增加體育設施等，亦呼籲僱主為僱員在工作期間提供最少 30 分鐘的運動時間。

https://www.hk01.com/sns/article/657420

6.1 健康群體

地點	觀塘區
空間	工廈中層
開放年份	2020
物業	租用
設計	泰拳健身室
配備	打拳運動的大空間、更衣室、淋浴間等
目標群眾	年青人、學生等
主要用途	泰拳班、瑜伽班、運動班、教會聚會、包場活動等
收費模式	商業

異象：創辦人最初開設了一個自修室，後來覺得年青人需要多做運動，所以決定開辦一個以打泰拳為主的健身室。他又得到一個有關健身的事工支持，希望透過運動來接觸人。他覺得運動應該每天都做，就如信仰一樣。他鼓勵學員有一個健康的生活習慣，包括身體、心智和靈性三方面，打造一個以健康為中心的群體。

「希望能做到自負盈虧之餘，又可以做到宣教。」

「我發覺在教會以外開設一個空間，更容易讓教會以外的人接觸我們的文化和參與我們的活動⋯⋯我覺得教會可以考慮我們這個模式，不一定要在傳統教堂場地辦教會。」

空間設計：一個簡單、方正的，用於打拳運動的大空間，開班和聚會等都在這裏發生，另有淋浴間和更衣室等。

轉化影響：創辦人會讓學員知道他是傳道人。每次他教班都會用十分鐘分享一個簡單的信息。他又會與其他教練合作開班，用這個平台去接觸更多人。空間在每個週六晚都有簡單互動型式的崇拜聚會。有些離開了教會很久的人在這裏重拾與神的關係，又有在傳統教會多年的人，在這裏可以看到信仰的另一面向。他又會與教會合作，讓團契的弟兄姊妹來一齊做運動。

未來發展：創辦人希望能與有同一恩賜和理念的弟兄姊妹，一同參與這個事工的服事。他又會以整全健康（Holistic Wellness）的理念進入校園分享，接觸更多年青人。

文青

「文青」本為「文藝青年」的簡稱，泛指喜歡文化藝術的年輕人。追溯歷史，「文藝青年」一詞
早於 1928 年出現，由左派文人郭沫若以筆名「麥克昂」在其創辦的刊物《文化批判》中發表。
他的文章〈留聲機器的回音──文藝青年應取態度的考察〉，批評文藝青年具資產階級的意識，
並要求他們投身社會運動，使其出版的文藝作品能對社會有益。

6.2 文青畫廊書店

地點	中西區
空間	地舖
開放年份	2021
物業	租用
設計	書店、畫廊
配備	書櫃、展覽牆、級台等
目標群眾	學生、文青、街坊、家庭等
主要用途	讀書會、展覽、工作坊、租場等
收費模式	商業

「我們這個地方的存在，就是一班信徒從教會走出去，
進入世界，與大家同行，回應社會。」

異象：四位年青的創辦人看見城市近年面對的不同挑戰，覺得需要做一些事來回應這個世代。他們覺得文字仍然很有力量，要將閱讀和藝術文化帶回生活中。他們構思的這個空間是希望讓人來坐下、閒談、看書、欣賞藝術等，透過分享會和講座等與陌生人開展一些有意義的對話。其中兩位創辦人在土耳其宣教時認識了當地一間畫廊，畫廊裏的每張畫都有福音信息，當有人詢問的時候，就可以與他們分享。他們亦希望推動本地創作，邀請本地不同的作者、畫家、設計師來分享他們的經歷。

空間設計：地舖位於大學附近的一條小街，有書架、展示牆、大枱等，另有一層層的大級台，方便開辦講座或讓客人坐下來看書，設計以簡單、舒服、柔和天然色調為主。

轉化影響：空間最近發起了一個嘉年華活動，與同一條街的店舖和咖啡廳等合辦，與社區的鄰居互動。他們覺得這裏是一個播種的地方，事情就很自然地發生，神會帶不同的人到來，生命得以被觸摸。

未來發展：創辦人分享，開設了這個空間之後，他們的接觸面就闊了很多，認識到藝術文化界不同的新朋友，又有機會被邀請到學校和教會等分享他們的理念和經歷。

「我覺得教會在這世代需要想多一點宣教。」

香港貧窮狀況

根據政府公佈的貧窮數據，2020 年香港貧窮人口達 165.3 萬，按年大增 16.2 萬，貧窮率 23.6%，兩者均為 2009 年有紀錄以來最高。《2020 年香港貧窮情況報告》指出，受全球疫情影響，香港經濟嚴重衰退，勞工市場急劇惡化，失業率上升，整體工資增幅減慢，部分住戶成員的工時減少或失去工作，住戶收入受拖累。

https://news.mingpao.com/pns/ 教育 /article/20220124/s00011/1642961135979/

6.3 服侍轉化基層

地點	觀塘區
空間	座堂教會一樓，有樓梯直達
開放年份	2018
設計	餐廳
配備	專業廚房、餐廳
目標群眾	社區基層人士、無家者、長者、婦女、單親家庭、戒毒和更新人士等
主要用途	廉價餐、派飯、探訪、中醫義診、聚會等
收費模式	商業

異象：創辦人認為這裏好像鄉村的祠堂一樣，街坊有事無事都可以來。他覺得很多教會只在週末有活動時才能招聚人，但餐飲就不同，每天早午晚三餐都可以讓街坊來到這裏。他們的異象就是要透過這個餐飲平台去接觸社區，做扶貧和服事邊緣群體的工作。

空間設計：他們認為能在這裏開餐廳是一個神蹟，能找到一間教會認同他們的異象，又有一層空置的地方免費給他們使用，又能夠拿到飲食牌照。餐廳在教會一樓，上一層樓梯就到，社區附近又有很多公屋和劏房戶等，很適合他們接觸街坊，做基層工作。

「獨居長者在這裏可以認識其他獨居的朋友，找到自己的群體。婦女有自己的小組，她們又會互相幫助，從過往『一個打三個』的單親家庭，變成互相交換資訊的群體。有些一家四五口人住一百呎劏房的小朋友來到這裏，可以與其他小朋友玩耍，參加英文班又能認識聖經故事，學識唱詩歌。有很多無家者在這裏出入，其實大部分都有毒癮，我們會鼓勵和協助他們去戒毒。」

「我覺得叫人入教會比較困難，但是叫人入餐廳就相對容易，加上我們一週七天都開放，這令我們在社區的存在感增大七倍。一般教會只在週末才有活動，但這裏週一至週日都可以讓人進來。」

轉化影響：他們主要協助弱勢群體就業，聘請戒毒、更新或失業的基層人士，訓練他們做廚房及餐飲工作。他們亦做很多社福服務，包括中醫義診、補習、探訪、陪診、派飯等，又開設不同的小組和團契等，每週在餐廳都有幾次大型聚會，甚至洗禮。空間有全職社工，亦吸引很多義工來參與。

未來發展：他們正在籌辦另一間餐廳，服侍另一個社區的人。

漂書

漂書，完整地說就是圖書漂流。漂書活動源於上世紀 60 年代的歐洲，是指書友將自己不再閱讀的書貼上特定的標籤投放到公共場所，如公園的長凳上，無償地提供給拾取到的人閱讀。拾取的人閱讀之後，根據標籤提示，再以相同的方式將該書投放到公共環境中去。

https://hq.hkpa.hk/serviceunitshow.php?su_id=62&fn_id=1

6.4 藝術設計共享

地點	東區
空間	工廈高層
開放年份	2022
物業	租用
設計	設計公司 + 多用途共享藝術空間
配備	共享空間、會議室、畫廊、電話亭等
目標群眾	藝術家、設計師、業界初創者等
主要用途	共享工作、午間活動、講座、展覽、漂書、 零售、租場、網絡教會等
收費模式	商業 / 自由奉獻

「我們見到有近年有很多年青藝術家、設計師，都是斜槓族初創人士，很需要支援，如工作場地、展示作品的空間等。所以希望開放這個空間與他們共享、接觸、分享經驗。」

異象：設計公司見到近年香港湧現很多年青藝術家和初創設計師，而同一棟的大廈裏又有頗多藝術及設計工作者，於是決定開放公司資源，透過這個共享平台，開拓與業界創作者互動的機會。

空間設計：設計公司因精簡人手，將辦公室一半的空間改造為共享工作空間，其中有部分為畫廊，提供展覽、講座、工作坊及開會的場地。

轉化影響：在過去的二十年，設計公司認定職場就是他們宣教侍奉的場景，透過承接設計工程，接觸不同階層人士，包括室內設計師、工程顧問、供應商、判頭、工友等。現在他們與兩位業界的傳道人合作，開展這個共享平台，透過展覽、午間聚會、講座和其他不同活動，讓不同的設計師和藝術家可以彼此認識，建立關係，凝聚社群，影響生命。

未來發展：空間剛剛開業，負責人希望這個平台能造就年青藝術家、設計師等，令業界更多人士能認識他們。

「以前我們的公司只是一個辦公室,每天對著同一班同事。自從開放了共享空間以後,接觸面就闊了很多,有人是經朋友介紹而來的,又有人看到我們的 IG 而自己來的,又有樓上樓下的人帶飯盒來吃午飯。」

精神健康

港大公佈港人在防疫措施下的精神健康調查，顯示在 2022 年 1 月底，近 10% 受訪者疑似抑鬱，接近 2019 年下半年社會運動期間的水平，而疑似焦慮的受訪者比例約 13% 至 14%，顯示每七八個港人中，便有一人疑似焦慮。

https://jump.mingpao.com/career-news/daily-news/

6.5 閒聊空間

地點	觀塘區
空間	活化工廈低層
開放年份	2017
物業	租用
設計	類似餐廳的多用途共享空間
配備	廚房、咖啡廳、輔導室、小舞台、零售點等
目標群眾	主要是區內上班的白領
主要用途	開放午膳及下午茶時段、舉行興趣班、 與其他機構合作舉辦活動、租場服務等
收費模式	自由奉獻

異象：創辦人主要從事輔導工作，發現香港人很抗拒進入輔導室，所以想打造一個舒適的環境與陌生人接觸，加上有食物和飲料，就容易打開話題，與人從閒談到認識。

空間設計：創辦人說佈置要優美，燈光要柔和，有植物、壁畫等，舒服的環境容易吸引人留下。他們的設計主題是花園，營造一個溫馨的環境來幫助人放鬆，有助他們打開心窗，暢所欲言。除了飲食區域，空間還有一個廚房、小店和輔導房間。

「讓他們見到神的愛，又讓神的愛顯現在人間！」

「如果一天平均有二十個人進來，一週開放六日，就有一百多個人，如果一年開放五十週，就能夠接觸五千多個生命！教會怎樣才有機會接觸五千多個陌生人呢？」

轉化影響：疫情之前，他們開辦晚餐教會（Dinner Church），給一些未信或曾經去過教會的朋友參加，一起吃飯、唱詩歌、短講、回應、祈禱等。他們不是要辦教會，而是做連結、關懷、滋養和建立生命，不分來者是否信徒。

未來發展：沒有甚麼周詳計劃，一切都是等上帝開路和帶領。

7 / 另類使命群體的空間

在研究過程中發現，教會空間除了傳統非牟利宗教堂會模式，其實已有不少新模式的屬靈群體，以不同型態在不同地方出現。他們不會在傳統教會聚會，又不一定是營商的。有些模式是由空間場地主導，亦有更多是聚會模式主導，場地對這些群體來說不太重要。有些群體會維持小型和簡單的架構，並保持一定的流動性，可能只是幾個人聚會便成為一個屬靈群體。許多群體都重視線上線下互動模式，甚至跨越時空、地域，拓展虛擬空間的連結。這種另類的新模式，以使命帶動，估計未來會有更多不同形態的模式繼續出現。

靈活辦公室

2020 年據有關統計顯示，在全球 18 個主要市場中，目前靈活辦公室佔所有辦公室的 5%，企業對靈活工作間的需求則按年升 19%。Samit 指出，有 75% 員工每週至少有一日不在辦公室工作，對辦公室流動性的要求不斷增加，另外大型企業需派遣員工到各個城市工作，亦要求更大的辦公室網絡，帶動了靈活辦公室的迅速冒起。

https://www.hk01.com/ 專題人訪 /418660/

7.1 微機構實驗室

地點	油尖旺區
空間	商廈低層
開放年份	2019
物業	租用
設計	初創事工、微機構、微教會的共享平台
配備	開放式廚房、咖啡機、玻璃雪櫃、木傢俬、禮堂、工作空間、 大小多用途房間、輔導室、媒體室、電話間、格仔小店等
服侍目標	支援駐場事工、微機構去服侍有關人士
主要用途	辦公、培訓、開會、租場、聚會、崇拜等
收費模式	半商業

異象：近年香港出現越來越多初創事工、微機構和微教會等，很多都需要有一個辦公和舉行活動的地方。但因租金昂貴，他們未必能獨自承擔，所以創辦人就建立了這個跨宗派的共享平台，以便宜的價格向他們提供租用服務。這個平台的精神是「共享」、「建立社群」和「營造協作關係」，在香港是一個新嘗試，所以創辦人稱這個地方為「實驗室」，給不同事工可以在同一個地方互動交流協作、做社區實驗。參與的事工的服侍層面很廣，包括基層、家庭、婦女、傷健人士、小數民族、學生、孤兒和青年人等，還有輔導中心、神學院、社企學院等在這平台內為他們提供支援。

空間設計：全層大概五千平方呎，設計簡約時尚，松木傢俬為主，一進門見到各事工、機構及教會 logo，旁邊有格仔店，給各單位擺賣產品和書籍。經過接待處，就有一個開放式大廚房、咖啡機、玻璃雪櫃等，可供悠閒聚會，又可以開咖啡班和烹飪班等。另有大中小型的多用途房間、輔導室、媒體室、電話間等，中間是一個共享工作空間，有間隔和共用辦公桌。另有大禮堂，設有活動間板，可以分割成四個多用途房間。

「進駐這個共享空間之後，事工得到了更長遠的發展。我
們認識了其他的初創機構，與之建立關係，並展開了許多
事工方面的協作。例如我們曾經遇到一些基層家庭需要食
物和物資的援助，我們可以尋求其他機構的協助。」

「我覺得這個地方很『正』，每天都有很多新事發生，又會碰到很多人，而每個人都是帶著神給他的使命而來的。」

轉化影響：這平台讓各機構的接觸面擴闊了很多，以前可能是一人事工，但在這裏認識了不少志同道合的新朋友。不同的事工可以彼此分享、代禱、支援，互相認識，尋求合作的空間，大家就像天國裏的同工一樣，各有各做神所呼召他們要做的事。

未來發展：他們已經在另一個社區多開了一個空間，創辦人又與一些學校合作，申請基金，推動校園及基層學生工作。

社會企業

社會企業（社企）沒有統一的定義。一般而言，社企是一盤生意，宗旨是要達致特定的社會目的，例如提供社會所需的服務（如長者支援服務）或產品、為弱勢社群創造就業和培訓機會、保護環境、運用本身賺取的利潤資助轄下的其他社會服務等。社企所得的利潤主要用於再投資本身業務，以達到既定的社會目的。換言之，社企的基本目標是達致其社會目的，而非賺取最高利潤以分派給股東。

https://www.sehk.gov.hk/tc/concept.html

7.2 創意社企平台

地點	九龍城區
空間	工廈低層
開放年份	2020
物業	租用
設計	社企共享空間
配備	大聚會空間、多用途室、共享工作間、咖啡機、木傢俬等
目標群眾	社企、年青創業者
主要用途	培訓、工作、講座、租場
收費模式	商業

「社創其實是回應聖經叫我們去關顧鄰舍、愛鄰舍的概念。神的創造使命就是叫人去管理大地，使資源合理分配，以免出現不均的情況。我們推動社創都是希望能夠有創意地給弱勢社群有更好的生活。」

異象：創辦人希望營造一個青年社企創業的共享空間，他們可在這裏學習和實踐社創，又可以得到機構同事的支援。創辦人覺得社企就是回應社會的需要，實踐聖經說的大使命和大誡命，關懷弱勢社群，轉化城市。

空間設計：空間設計以文青混合工業風為主，吸引年青初創者使用。其他社企可以在這裏租用場地，舉辦講座和工作坊等。空間曾經舉辦市集，又在門口位放置格仔舖，給社企展示及售賣他們的產品。在疫情期間，他們更在網上建造了一個跟實體空間一模一樣的虛擬空間，學員和同事任何時候都可以進入其中，彼此互動。

轉化影響： 第五波疫情爆發期間，這個空間幾乎要停擺，他們就將室內空間擴展到外面的社區空間。他們形容這為一個神蹟，因為在很短時間內就聯絡到幾個奉獻單位，籌集了一大筆資金，用來購買二十間社企的產品，分裝成八千個福袋，透過六間社企餐廳，在不同社區派發給基層人士。這不但能幫助街外有需要的人，又可以幫助社企渡過難關，避免裁員或倒閉。

未來發展： 繼續透過社企活動，運用這個社企平台，用基督文化去接觸及影響生命。

「我們的設計是希望給人一個『家』的感覺，讓大
家都很喜歡留在這個地方，晚上一齊吃飯和聊天，
關係得以建立，好像教會團契一樣。」

移民潮

根據統計處數據，自 2019 年修例風波之後，2019 年底至 2021 年年底，本港錄得連續兩年半的人口淨流出，三次統計累計達 13.38 萬人，當中單是 2020 年便錄得 9.64 萬人淨流出，至於 2021 年淨流出臨時數字則為 2.73 萬人，雖然數字減少，但相信該次移民潮至少會持續至暑假才有望紓緩。

https://www.hk01.com/sns/article/758139

7.3 線上線下

地點	九龍城區
開放年份	2020
空間	工廈中層
物業	租用
設計	拍攝、媒體、創作空間
配備	拍攝場地、辦公室、多用途房等
目標群眾	網上觀眾、沒有參與教會聚會的信徒
主要用途	拍攝、媒體創作等
收費模式	自由奉獻

異象： 創辦人見到很多二三十歲的年青人離開堂會，傳統堂會又無法令他們留下，就覺得需要一些新模式，因此開辦了一間新教會。由網上社交平台開始，慢慢有了人氣之後，他們就試辦了三場特別聚會，接著就開始正式的崇拜聚會。他們希望成為一個不被定型的流動群體，沒有一般教會的複雜架構，沒有一個固定的建築物和聚會地點，崇拜只需租用其他教會的場地。創辦人形容他們有一群牧者好像優步（Uber）的司機一樣，主要工作是牧養自己的小組，而行政工作則交由中央處理。他們可算是網上教會的先行者，疫情前已經開始做網上聚會，而牧者們都已經習慣了這種流動的工作模式。

空間設計： 疫情開始以後，因為大部分聚會都變成線上，加上社會運動之後，很多弟兄姊妹都移民離開，但有一部分人仍會繼續參與他們的網上崇拜。他們覺得需要有一個自己的拍攝錄影場地，便租用了一個媒體工作室，製作音樂短片、神學講座、查經節目、每週崇拜等。他們覺得整個教會生活都已經改變，現在所接觸到的有關信仰的資源可能超過一半都是在網上。

「當時看到很多年青人離開教會,二十幾至三十幾歲的,所以想要開一間教會去承載這些離開教會的人。我們的理念是希望改變傳統教會的思維和運作方式,拆掉一些僵化了的觀念,重新打造一間新一代的教會。」

「網上做得好為甚麼要停呢？網上空間其
實是一個有無限座位的空間！」

轉化影響：他們很想與網上參與教會崇拜的人建立真實關係，希望發展網上牧養，準備聘請網上牧者，去接觸網上參與聚會的人。

未來發展：由於在海外參與崇拜的人頗多，他們準備尋找一些已經移居當地的牧者去組織小組，牧養當地的信徒。有些傳道人在移民後很難找到合適的工作，這樣又可以幫他們重拾召命，又能夠幫助參與網上崇拜的人建立實體的關係，得到牧養。

微教會

我們採用「微教會」這詞來稱呼此時此地教會的新皮袋，意指如同新約聖經的門徒群體， 信徒也要運用 Ekklesia 權柄，在地上建立天國的管治，影響社會。「微」指出教會最少是兩三個人的聚集（太 18:19–20），「微」不是弱，反而如耶穌所言，擁有天國芥菜種的驚人力量（太 13:31–32），不在於數目多寡，乃在於教會蘊含的天國爆炸力與影響力，微教會藉尋找與完成特有的天國任務，以體現天國在地的管治。

https://www.anhop.asia/mcn.html

7.4 福音在公司

地點	東區
空間	辦公室內
開放年份	2021
設計	小型網絡教會
配備	主要借用現有辦公室設施
目標群眾	公司內的同事
主要用途	在午膳或工餘時間小組聚會、舉辦啟發課程、查經、敬拜、禱告等，甚至延伸至家庭聚會

「一般人覺得教會就是某個週日某個地方的某個聚會。其實教會既不是一個建築物，亦不是一個聚會的地方，教會就是人。」

異象：早十多年前，創辦人已經在自己公司裏舉辦小組、午間聚會、啟發課程和祈禱會等，又與其他鄰近的公司一同合作舉辦聚會。他覺得教會不應局限於週日的兩三個小時，而是應該像早期教會一樣，每天都可以見面，互相牧養、聚會、團契等。他又看見很多人在職場信了主，但要他們改變場景，轉去教會聚會又有點困難，所以決定創辦「職場教會」。

空間設計：利用辦公室的現有空間，如借用會議室等，在午膳或工餘時間開組或聚會。

轉化影響：除了在辦公室以內的空間，他們也會延伸到社區空間，進行外展服事、街頭佈道、社區派發物資等，又會進入家庭，探訪同事的家人，和他們一起吃飯。教會就是兩三個人一起聚會，可以超越時空，在不同場景裏都可以發生。

未來發展：創辦人很有熱誠去推動這個新的教會模式，發展為一個教會網絡，聯繫其他公司，甚至延伸至家庭教會，在不同的地方繁殖誕生新的微教會。

「職場的文化是很自由的，一齊食飯盒就可以建立
關係和信任，慢慢就可以很容易講到福音。」

Thin Place

Thin places are places of energy. A place where the veil between this world and the eternal world is thin. A thin place is where one can walk in two worlds — the worlds are fused together, knitted loosely where the differences can be discerned or tightly where the two worlds become one.

https://thinplacestour.com/what-are-thin-places/

7.5 共居在社區

地點	深水埗區
開放年份	2019
空間	住宅單位
物業	租用
配備	大客廳、睡房、廚房
目標群眾	區內街坊、神帶來的人等
主要用途	共居、家庭聚會、外展、關懷、邀請街坊吃飯、留宿等

「使命群體 (Missional Community) 就像約翰福音 1 章 14 節所說：
『道成了肉身，住在我們中間。』Missional 就是指好像耶穌住在我
們當中，正如我們要進入他們的場景、文化、生活、時空一樣；而
Community 就是凝聚一個群體，一齊宣教就是最有效的。」

異象：教會於七年前成立，是一間家庭教會，後來領受神要他們變成一個使命群體 (Missional Community)，一齊離開安舒區，住入人群當中，進入他人的文化。他們一齊禱告聆聽，用了半年的時間領受異象，由幾個家庭和弟兄姊妹牽頭，決定搬入深水埗區的同一棟大廈不同單位裏居住。

空間設計：共同生活或共居的概念，不同單位的弟兄姊妹會互相支援。住宅單位的客廳用來團契和聚會，飯廳用作飯堂，款待區內認識的朋友，有些房間會留給有需要的人暫住，有時神會帶不同的人來到他們當中，有非洲難民、無家者或有家庭問題的年青人等。

轉化影響：他們透過實踐「街坊會」的理念，開拓更多機會去認識、聯繫、接觸、服待區內不同的人，建立關係。共居的弟兄姊妹就像早期教會一樣，開始不分你我，採用凡物公用的文化理念。

未來發展：最近他們有一個新的異象，就是在鬧市中開設一個祈禱空間，非信徒都可以進來，一個 thin place，也就是一個讓人容易接觸到神的空間。

「教會、宣教、生活、門徒訓練都可
以走在一起，像早期教會一樣。」

元宇宙

元宇宙（Metaverse），或稱為後設宇宙、形上宇宙、元界、魅他域、超感空間、虛空間，是一個聚焦於社交連結的 3D 虛擬世界之網路。 元宇宙主要探討一個持久化和去中心化的在線三維虛擬環境。此虛擬環境將可以通過虛擬實境眼鏡、擴增實境眼鏡、手機、個人電腦和電子遊戲機進入人造的虛擬世界。

7.6 未來宇宙

地點	元宇宙
空間	虛擬世界
開放年份	2022
配備	VR 眼鏡、電腦
目標群眾	主要是千禧世代少年人
主要用途	教會有關的活動

異象： 創辦牧師形容元宇宙是一個新的平台，使虛擬世界與現實世界結合。對於千禧世代的少年人來說，他們自小就習慣與一班朋友上網打機，其實已經在虛擬空間裏打滾了十多年。他們這一代的學習模式很不同，不再如傳統的信徒般靜靜地坐著聽道、聽講座，他們不需要一個有權威的牧師給他們答案，他們需要的是互動和參與。他們遇到問題就會自己上網搜尋答案。元宇宙教會的精神主要有三個：「共創、共享、共榮」，教會是應該一同創造、一同參與、一同得尊榮的。教會如果不去回應這個 Web 3.0 的大趨勢，就會大大落後於外面的社會。但牧師覺得元宇宙教會暫時未能取替實體教會，因為在元宇宙建立真實關係比較困難。

空間設計： 元宇宙教會是一個在虛擬空間內發生而共同創造的世界，每個人都可以參與設計和建造這個空間。

「現今的世界不需要權威，而是要共同參與，整個思維要轉變，因為世界已經改變了。如果教會仍然停留在舊的模式，就一定會被淘汰。」

「建立元宇宙教會的重點不在於技術，最重要是她的價值觀，就是『共創、共享、共榮』，好像回到聖經所描述的早期教會的精神。『共創』就是每一個人都可以參與其中，一同去建立、創造和貢獻這個元宇宙教會；『共享』就是一同共享成果，享受大家一同建立的家；『共榮』就是台上台下每一個人都同樣重要，大家都可以得到榮耀，並可一同榮耀我們的上帝。」

轉化影響：上帝將一班 IT 人放在牧師面前，所以他們才有機會去創辦元宇宙教會。由於成本昂貴，不是每間教會都要建立自己的元宇宙平台，最重要是要大家去明白元宇宙教會「共創、共享、共榮」的精神，就更能合乎聖經所說的，每一個人用自己的恩賜，合力去建立一間大家都有份參與的元宇宙教會。

未來發展：暫時都是在試驗性階段，有舉辦過一些特別的聚會，但要等到科技再成熟點，才可以普及化應用。

PART 3

影響・使命空間

第三部分：使命空間對未來的影響
implications of missional space

在第二部分所列出的二十四個案例中可以看到，有小部分教會和宣教群體早已明白空間是神給他們的珍貴資產，閒置的空間並不是神的旨意，所以他們已經在教會進行不同程度的改造、重塑，有些更加入商業元素，或走到教會以外，開拓新模式的「使命空間」，使神給教會的宣教大使命得到更有效的實踐。

長期以來，香港社會一直都面對著不少根深蒂固的問題，例如貧富懸殊、狹窄的居住環境、公共空間不足等。在過去的兩三年，隨著社會運動、疫症大流行、國安法的實施等衝擊，加上不少市民移居海外，令這城市和城中教會所面對的挑戰倍增。在新常態下，坐擁不少閒置空間的 1,305 間華語基督教堂會又如何回應，實現「使命空間」呢？

重拾教會宣教的願景

「你們是世上的光。城造在山上是不能隱藏的。人點燈，不放在斗底下，是放在燈臺上，就照亮一家的人。你們的光也當這樣照在人前，叫他們看見你們的好行為，便將榮耀歸給你們在天上的父。」

馬太福音 5:14–16

在 Michael Goheen 的著作 *A Light to the Nations: The Missional Church and the Bible Story* 中，他將「宣教」描述為教會的本質[192]，他形容「宣教」不是教會其中一個活動，「宣教」是教會的中心使命精神。[193] Goheen 提到西方教會在歷史上一直都是一個內向型的群體，主要關心

自己內部的事務。[194] 儘管如此，現在應該是教會重新掌握其「宣教」角色的時候，教會不應該內聚，而是要面向世界，為著世界的人而存在。[195]

香港作為前英國殖民地，自二戰以來的七八十年間，基督教教會一直都在有利的環境下穩步發展。近十多年來，教會慢慢開始出現衰退的現象，教會內外都面臨嚴峻的挑戰。其實香港教會早已像西方許多教會一樣，變得制度化和內向化，許多堂會的大門關閉已久。香港教會給外界社會的形象一直是落後老化的文化，無法有效地與社區接軌，更難吸引非信徒走進來，特別是年輕一代。在新常態下，正正是教會重新審視其存在價值的時候，重拾教會參與城市宣教的使命，從內向吸引人進來的模式，轉化為面向社區外向型的宣教文化。

重塑教會的文化

「不要效法這個世界，只要心意更新而變化，叫你們察驗何為神的善良、純全、可喜悅的旨意。」

羅馬書 12:2

不少學者和牧者一直在倡導更新教會文化，如巴喬治（George Barna）在 *Future Cast: What Today's Trends Mean for Tomorrow's World* 一書中，呼籲美國教會應該盡快更新，他說於上世紀末和本世紀初穩固紮根的主流教派，如福音派和基要派等，都應該徹底重塑，否則很快就會失去其對社會的影響力。[196] 高紐爾（Neil Cole）在《教會 3.0：為教會

前途升級》一書中，亦認為教會一直都是最遲升級的，由於教會保守的本性，往往覺得一切都是神聖的，不可觸碰和改變的，結果就是教會不斷落後，慢慢變成無關痛癢的群體了。[197] 遂特（Leonard Sweet）在他的著作《鴿子型教會》中早已洞悉，後現代的世界就是一個不改變他人，就會被他人改變的文化，二十一世紀的教會就是要重塑自我，否則就等於自我滅亡。[198] 遂特觀察到一般教會都傾向於維持現狀，而不是站在變革的最前端，他建議教會應該從維持穩定文化，轉向大膽創新，由宣教使命帶動。[199] 香港教會正在面臨與西方教會類同的問題，教會深深植根於過去的傳統文化，信徒們習慣了週日來教會坐幾個小時就離開，是一個「接收」和「被服侍」的文化，而不是一個「付出」和「服侍」他人的文化。

羅馬書 12 章 2 節呼籲教會要心意更新而變化，因為現今的世界每天都在快速地改變，所以不斷更新和重塑應是基督徒的基本文化。Alan Hirsch 曾經說過每一個信徒都要把神給的使命帶到生活的每一個領域，而每一個信徒都是被差派到非基督教文化的宣教士。[200] 香港堂會需要重新塑造宣教的文化，正如每一個信徒都必須重塑自己成為城市宣教士一樣，更有效去回應社區的需求，而在疫情大流行期間很多教會都開始這樣做。

重塑教會的「使命空間」
「沒有人把新布補在舊衣服上；因為所補上的反帶壞了那衣服，破的就

更大了。也沒有人把新酒裝在舊皮袋裏；若是這樣，皮袋就裂開，酒漏出來，連皮袋也壞了。惟獨把新酒裝在新皮袋裏，兩樣就都保全了。」

馬太福音 9:16–17

好幾位學者就教會建築物和空間的使用提出不少建議，如 Michael Frost 與 Alan Hirsch 在 *The Shaping of Things to Come: Innovation and Mission for the 21st Century Church* 一書中認為，建築物只是工具，應該由上帝的宣教使命來主導建築物的設計和用途。[201] 另一位作者 T. J. Gorringe 在 *A Theology of the Built Environment: Justice, Empowerment, Redemption* 中說：「我們要創造空間，不是讓空間創造我們，所以我們最應該關心的，就是如何創造好我們的空間。」[202] 在另一本書 *Out of the 4th Place* 中，作者 Matt Broweleit 強調教會的建築物本身就是一個尚未開發的契機，教會的空間又是我們一項寶貴的資產，所以空間的設計應該以地區宣教為中心。他又見到許多教會正在將過去僅限於宗教活動的空間，轉化為社區裏的「第一地方」、「第二地方」或「第三地方」，可能是開一家咖啡店，或者將教會的一部分分租給他人使用。[203] 開放空間不僅在財政上對教會有幫助，而且開放就是實現教會在社區宣教的一項巨大進步。[204] 他繼續說：「當你與社區群體共享堂會空間的時候，就將神聖與世俗之間的界線模糊，並將教會重新融入社區的結構當中。」[205] 開放和重塑教會空間的目的應該完全是為了宣教，建立橋樑，讓教會重新成為當地社區重要的一部分。

香港教會空間與社區空間的資源可說是錯配的，教會的空間未能得到充分利用，平日大部分時間是閒置的，但社區的人卻找不到滿足他們需要的公共空間。從第二部分的個案中可以看到，當某些教會和宣教團體將他們的空間重塑為「使命空間」後，打破了內外的隔膜，促進信徒和非信徒的接觸、交流和建立關係。「使命空間」不但使教會內的會眾產生更新轉化，也使他們對社區的需求變得更加敏感，更能明白甚麼是城市宣教。「使命空間」讓教會更有效地接觸他們的鄰居，開放自己，進入社區，從而轉化教會以外的人的生命。

福音書其中三卷都有引用耶穌所談及的「新酒」和「新皮袋」理論。教會的文化應像「新酒」一般被更新，而教會的空間就應像「新皮袋」一般被重新塑造。換句話說，教會的軟件和硬件必須互相配合，才能在教會內外有效地創造宣教平台，實踐使命。

轉化教會以外的空間

「你們是世上的鹽。鹽若失了味，怎能叫它再鹹呢？以後無用，不過丟在外面，被人踐踏了。」

馬太福音 5:13

J. R. Woodward 與 Dan White Jr. 在 *The Church as Movement: Starting and Sustaining Missional-Incarnational Communities* 中主張教會要超越自己內部的空間，建議教會將焦點由內部的事務轉移到教會以外。[206]

Frost 與 Hirsch 鼓勵信徒離開他們在教會的安舒區,與外面的非信徒接觸,作鹽作光,滲入主流文化之中,令教會成為一個對社區有影響力的群體。[207]

「使命空間」不限於教會建築物之內,而是意味著更廣闊的空間,超越教會的四面牆。「使命空間」就是將教會的空間推到社區的公共空間,甚至去到職場的辦公室空間,或者家庭的空間。換句話說,教會不是要他們「來」,而是要「去」到他們的空間裏,把教會的影響力帶進自己的社區、其他社區、甚至整個城市。

「使命空間」運動和未來的發展

「天國好像一粒芥菜種,有人拿去種在田裏。這原是百種裏最小的,等到長起來,卻比各樣的菜都大,且成了樹,天上的飛鳥來宿在它的枝上。」

馬太福音 13:31–32

Frost 與 Hirsch 在他們的書中說到,教會應是一種「宣教運動」,建議當下的教會應該進行徹底的範式轉移,由一個靜止的組織變成一個充滿動力的運動。[208] Woodward 與 White 認為宣教運動應如漣漪效應一樣,好像把一塊石頭扔進池塘,產生漣漪,一個又一個直至漣漪覆蓋整個池塘。[209] Munther Isaac 在 *From Land to Lands: From Eden to the*

Renewed Earth 中提出的理論就表明，教會不斷繁殖是上帝的旨意，由以色列的一片土地倍增到世界各國的土地。[210]

研究裏面有幾位受訪者稱，「使命空間」是在新常態下出現的一個「運動」。不少「使命空間」都吸引許多其他教會的信徒和領袖到來參觀，學習如何建立和經營這樣的空間。「使命空間」具有倍增力，不一定以同一模式複製，部分會改變成另一個型態複製出去，來回應不同社區環境的需要。在 *The Church of the Perfect Storm* 一書中，Bill Easum 寫到有關未來教會的複製和繁殖，他說：「新興教會有多種形式，你會見到不同類別和形態出現，但沒有任何一種教會的型態會主導後現代的世界，亦不會是千篇一律的。」[211]「使命空間」繼續發展成為一個運動，並在城市裏的不同社區呈現出不同型態，超越教會本身的實體空間，滲透到其他空間領域，甚至包括元宇宙的虛擬空間。

「Kairos」契機的時間

「日期滿了，神的國近了。你們當悔改，信福音！」

馬可福音 1:15

柏祺城市轉化中心於 2021 年下半年進行了一個有關香港「教會新型態」的研究 [212]，並舉辦了一系列研討會，由不同的堂會牧師和領袖分享他們的異象。2021 年 12 月，《時代論壇》的一篇文章亦回應了這項研究，並討論過去兩年香港因社會動盪而出現的新型態教會的現象，這些新興

教會群體傾向保持簡單架構，但強調宣教使命，以及與肢體的緊密關係，並預料香港將會有越來越多這些新型態的小教會或群體湧現。[213] 2022年2月，《時代論壇》的另一篇文章回應第五波疫情期間，宗教場所無奈要關閉[214]，無形中推動了教會變革，超越宗教場地的限制，探索教會以外的非宗教場地，開拓其他有創意的聚會模式。

Woodward 與 White 將新約希臘原文 καιρός (kairos) 描述為「合適的時間」或「契機」，強調 kairos 意味著上帝想要催生新事物到來的時刻。[215] 對於香港教會來說，一直都存在一種抗拒改變的阻力，大多數牧師和教會領袖都會說開放善用空間是一個好主意，但每每都要討論數月或數年的時間才會作出行動。儘管如此，在新常態下，很多教會慢慢看到舊模式是行不通的，開始認真尋求變革的方法。筆者認為現在正是一個 kairos，是重塑「使命空間」的好時機！

結語

筆者自稱為「教會建築設計師」，由 2002 年在經濟極差的大環境下，開辦了自己的設計公司，憑著神的恩典，有機會參與超過三百多間本地大中小型教會及機構的設計、建築及裝修工程，有部分記錄在書中的二十四個案例裏。筆者透過多年與不同教會、牧者、教會領袖交流、對話和合作，見到教會的空間很寶貴，但平日用量很低，閒置空間不少，很多教會甚至將大門關上，接觸外界的人實在少之又少。早年我推動教會建立「會所」和「咖啡室教會」的概念，近十年間見到商務共享辦公室如 We Work 等很受歡迎，所以便推動教會共享工作空間和共享溫習空間，打開大門，讓多些社區人士可以進來教會，共享教會的空間。自 2017 年以來，筆者又與不少機構、教會和神學院合作，舉辦講座、工作坊、導賞團等，倡導開放共享教會的空間。

作為建築師，筆者在做這份研究之前，一直都被西歐古典教堂所吸引，覺得教堂設計應該是一個屬靈及神聖的空間，每次進入教堂，人就應該被聖靈觸摸。但隨著筆者進入這個博士研究領域，才開始發現教堂設計的另一面。神聖和美感固然有其重要性，但建立教會的核心價值是神的使命，而神的使命就是「宣教」。「宣教」才是教會在社區存在的真正意義，所以真正的教會建築設計可能並不如筆者一直想像的那樣。在研究中，筆者更發現宣教使命原來不一定在教會的建築物裏發生，而是可以在社區其他的空間裏發生，甚至「使命空間」亦可以在不同的時空裏發生。這項研究令筆者明白到「使命教會」就是要由一個「有建築物的

教堂」，變成一個「超越建築物的教堂」。而筆者亦重塑自己為一個「使命建築師」，就像教會要重塑「使命空間」一樣。

筆者要讚美上帝，當筆者在做這項研究的兩三年間，身處的城市進入變革的大時代。在新常態下，筆者發現現在正有許多教會開始意識到，不可能再停留在過往五六十年裏，而是處於一個不可能不變革的時代。筆者覺得現在正是教會要起動，重新發現神的使命，重塑其「使命空間」的最佳時刻，希望教會能把握契機，為未來和下一代去轉化，重塑「使命空間」。

筆者會繼續從事教會建築設計師的工作，無論是軟件或硬件，都希望能協助教會領受新異象，發展宣教，實現「使命空間」的新願景。

後記

從異象到實踐——織網

王緯彬先生（Ben）對空間共享有著一份熱誠，我實在感恩能夠與他一同為主發夢！

早於 2017 年，因應香港住屋需求狀況，共享房屋或空間成為社區中貧窮人的其中一個出路。我與伙伴籌辦了各類「共享空間」項目：「1017 共建、共融社會」運動、「房到閒時可共享，無你些牙唔成事」，鼓勵教會群體釋放閒置空間予公眾，於社區實踐共享概念。我服侍的機構「教會關懷貧窮網絡」（教關）透過空間共享普查，發掘並整合空間資源，提升公眾（由教會擴展至企業、學校、機構等）對資源共享的認識及參與。我於 2018 年遇上 Ben，很欣賞他對於教會共享和突破傳統空間的理念，帶領基督教群體在新世代走進社區，不但分享硬件（空間、金錢），更分享軟件（才能、知識、時間），運用各種機會將福音以不同途徑帶入人群。Ben 是一位既有異象又忠誠的基督徒領袖，在他的網絡中建立互信以致能創造自由空間，從主領受捨己以致能為社區建立社會資本使命，其積極精神得以日益增長並於運動之中實踐。我實在期待看到社區的進一步轉化，以及深化關係。

感恩我與 Ben 彼此有一致的服侍理念和異象，都擁有強烈的共享意念，經過幾次會議傾談了解，發現我們都以神國為本，願意透過資源共享為社區（生命）帶來轉化。因應社會上的需要和變化，我們藉著禱告等候，上主帶領我們開始織網結連，逐之很快便促成了於 2019 年 1 月 24 日在 Island Evangelical Community Church 舉辦的第一次「國度觀下的空間共享」工作坊。教關邀請 Ben 作為講員，與過百位參加者介紹天國觀下的共享概念，鼓勵更多堂會參與共享空間和資源，藉此服侍貧窮人。從 Ben 的身上，我看見神厚厚的恩賜，Ben「新酒裝在新皮袋」的創新思維、願意服侍的僕人領袖典範、充滿熱誠的積極行動力，確實成就了共享空間事工。透過空間共享、網絡同行、凝聚資源，我們一起服侍貧窮人，轉化社區。Ben 身體力行，以行動實踐理念，與教關分享辦公室空間、儲物空間、甚至與其教會研究分享空間予教關事工。Ben 樂於獻上時間、資源並知識，他活出一個甘心樂意、委身並喜樂的服侍生命！

我們一同尋找相同意念的伙伴，建立核心小組，定期互相分享以致建構清晰的事工發展方向，訂立短期及長期目標，集中以推動教會及信仰群體開放空間為使命，深化社區關係，建立社區群體之間的互信互惠互利，充權及支援合作伙伴善用社區空間，宣揚共享精神，幫助堂會進入羊群當中牧養，更期待轉化並更有效地運用空間資源服侍貧窮人。

2020 年，我們成立共享空間核心小組，Ben 擔任小組召集人，帶領小組建立互信關係，以禱告尋求神的帶領和能力。我們每月舉辦一次共享

空間導賞團，走訪香港不同角落，宣揚合作意識力量，由淺入深、理論與實踐兼備，讓參加者親身體驗轉化的多種可能性。喜見總參加人次逾600人（期間因疫情緣故，曾經以網上實時轉播形式進行參觀導賞），甚願導賞團為空間轉化播下種子，感動共享空間群組逾 200 名參加者，由信仰群體開始，以凡物公用的精神，造就社區的基層人士，喚起我們信仰與生活的實踐。

近年「共享」概念非常流行，由空間共享異象，到建立一個有持續性的永久空間轉化運動。我們慶祝和評估目標，透過「導賞團」體驗教會如何實踐空間轉化，迎來新里程。我們期待與小組成員深化伙伴關係，透過彼此同行守望，以成功的空間轉化經驗為榜樣，與社區結連，祝福我們的城市。與 Ben 一同織網的經歷確實是主所賜的福氣，透過創造價值，見證堂會從異象到共享空間的實踐成果，以致結連並轉化社區。

感謝上主繼續引領 Ben 於共享空間網絡的未來發展，回應社區需要，凝聚和分享資源，轉化生命。願一切榮耀頌讚歸於創造萬有的主宰。

馬秀娟博士
教會關懷貧窮網絡總幹事

266

教會關懷貧窮網絡（簡稱：教關）是由香港華人基督教聯會、香港基督教協進會、香港教會更新運動及一群基督教關懷貧窮的前線機構與教會聯合成立的緊密網絡。教關是一個社區網絡平台，與伙伴攜手合作同心關懷貧窮、網絡同行、轉化社區。我們致力與伙伴教會發掘服務空隙，並發展多個先導計劃回應需要。教關提供兼具知識與關懷的可信服務，以培育能力、充權及師友同行模式為重心。我們凝聚社區網絡資源，幫助及充權前線伙伴拓展服務，接觸更多資源匱乏的群體，讓堂會更有效地關懷貧窮，在社區實踐上主的天國使命。

至 2022 年 9 月 6 日，我們連結共 1007 網絡伙伴單位（589 教會、262 機構、65 企業、91 學校）。藉探索潛在伙伴、成立核心小組、制定行動計劃等步驟建立緊密網絡。教關積極與伙伴進行預備工作，協助發掘資源、動員社區、充權生命，達致在在香港 18 區結網倍增果效。

我們感恩有熱心服侍的董事會團隊（按英文姓氏順序）：李炳光牧師（主席）、司徒永富博士（副主席）、陳炎光先生、周榮富牧師、謝子和主教、何慶濂先生、梁國全傳道、羅志聰先生、陸幸泉牧師

267

教關總幹事：馬秀娟博士

聯絡
辦公室：九龍旺角山東街 47–51 號中僑商業大廈 11 字樓 1102–03 室
電話：3689 9810
網站：http://www.hkcnp.org.hk
Facebook: hkcnp
instagram: hk.cnp

為推動城市轉化、加強基督徒領袖在城市宣教事工上的裝備，柏祺城市轉化中心於 2012 年在伯特利神學院內成立，並以柏祺博士 (Ray J Bakke) 命名。柏祺博士是美國柏祺大學研究院的創辦人，擁有豐富的城市宣教經驗，被公認為城市宣教工作的先驅。本中心致力發展和提供適切的課程，以回應時代和社會的需要。我們銳意成為這些領袖的終生夥伴，支持他們拓展和推行各種為城市帶來轉化的事工。

使命宣言
- 提供透過處境化及基督信仰為基礎的教育，具創意地傳遞城市宣教訊息，栽培及裝備信徒領袖，有效地在城市中傳揚福音及牧養不同的群體。
- 致力成為這些領袖的終生夥伴，繼續裝備和服侍他們，為他們提供教導、研究、諮詢、網絡及合作機會，支持他們拓展和推行各種為城市帶來轉化的事工。

核心價值
- 凝聚有承擔及富城市宣教經驗的領袖
- 透過使命教會將整全福音傳遍世界各地
- 城市就是我們的實驗室
- 終生學習和裝備

顧問團（按字母或筆劃序）
Rev Richard Higginson, Rev John Snelgrove, Prof Paul Stevens, 王仕雄博士、何志滌牧師、紀治興博士、許志超博士、陳炎光先生、陳家華教授、陸輝牧師、黃鐵城先生、劉忠明博士

中心委員會
屈偉豪院長（主席）、司徒永富博士（副主席）、陳敏斯教授（中心總監）、馬文藻博士、楊建霞女士、鄧達強牧師、鄭建德博士、賴淑芬博士、謝思熹博士

聯絡
香港九龍嘉林邊道 45–47 號
伯特利神學院
柏祺城市轉化中心
電話 / WhatsApp: 2148 5577
傳真：2336 1852
電郵：rbc@bethelhk.org

國度事奉中心一直稟持的信念是相信復興、期待復興、禱告復興、進入復興。回顧過去18年，國度一直與眾教會機構為復興預備道路，透過特別聚會、敬拜讚美聚會、訪問海外事工、傳遞復興的異象。

我們的異象
- 指出聖靈走向
- 勾勒復興藍圖
- 培育神國人才
- 完成宣教使命

我們相信主再臨之前，必有一全面性的復興臨到。近年，我們已看見教會復興的浪潮，聖靈更大的澆灌，屬靈職事與屬靈恩賜的恢復，以及琴與金香爐敬禱告祭壇的興起。這些現象正提醒我們，人子近了，正在門口了（太 24:32–33）。

國度事奉中心事工包括多媒體製作、兒童及青少年國度大軍培訓、敬拜及靈舞學院、本地及海外事工連結等。

聯絡
九龍廟街 239 號八福匯 8 樓 802 室
國度事奉中心
電話：2110 1525
WhatsApp: 9540 2777
傳真：2110 1397
電郵：pr@kingdommin.org

參考書目

Bakke, Ray. *A Theology as Big as the City.* Illinois: InterVarsity Press, 1997.

Barna, George. *Future Cast: What Today's Trends Mean for Tomorrow's World*. Austin: BarnaBooks, 2011.

Bosch, David J. *Transforming Mission*. Maryknoll: Orbis Books, 1991.

Bowman, Ray, and Eddy Hall. *When Not to Build: An Architect's Unconventional Wisdom for the Growing Church*. Grand Rapids: Baker Books, 2002.

Broweleit, Matt. *Out of the 4th Place*. Seattle: Back Deck Books, 2018.

Brueggemann, Walter. *The Land: Place as Gift, Promise, and Challenge in Biblical Faith.* 2nd ed. Minneapolis: Fortress Press, 2002.

"Business as Mission: Business for God's Glory, the Gospel, and the Common Good." Accessed January 11, 2022. https://lausanne.org/networks/issues/business-as-mission.

Carter, Ken, and Audrey Warren. "Networks and Third Places are Today's Mission Field." Accessed February 3, 2022. https://www.churchleadership.com/leading-ideas/networks-third-places-todays-mission-field/.

Charmaz, Kathy. *Constructing Grounded Theory,* 2nd ed. London: Sage Publications, 2014.

Clark, Chap. "Missional Church and Youth Ministry: Integrating the Conversation." Association of Youth Ministry Educators Conference, Fuller Theological Seminary, Fall 2016.

Cole, Neil. *Church 3.0 : Upgrades for the Future of the Church*. New York: John Wiley & Sons Inc., 2010.

Cole, Neil. "What Do You Mean by Church 3.0?" Accessed August 22, 2021. https://cole-slaw.blogspot.com/2009/09/church-30.html.

Danielson, Robert A. *The Social Entrepreneur: The Business of Changing the World*. Franklin: Seedbed Publishing, 2015.

Effa, Allan. "Pub Congregations, Coffee House Communities, Tall-Steeple Churches, and Sacred Space: The Missional Church Movement and Architecture." *Missiology: An International Review* Vol. 43(4) (2015): 373-384.

"Engaging Third Places." Missional Church Network. Accessed June 12, 2021. https://www.missionalchurchnetwork.com/blog/engaging-third-places.

Foster, Jerod W. "Oldenburg's Great Good Places Online: Assessing the Potential for Social Network Sites to Serve as Third Places." Doctor of Philosophy Dissertation, Texas Tech University, 2013.

Frost, Michael. *The Road to Missional: Journey to the Center of the Church.* Grand Rapids: Baker Books, 2011.

Frost, Michael, and Alan Hirsch. *The Shaping of Things to Come: Innovation and Mission for the 21st Century Church*. Grand Rapids: BakerBooks, 2013.

Giles, Richard. *Re-Pitching the Tent: Re-Ordering the Church Building for Worship and Mission*. Norwich: Canterbury Press, 1990.

Glaser, Barney, and Anslem Strauss. *The Discovery of Grounded Theory: Strategies for Qualitative Research*. Somerset: Taylor & Francis Inc, 2000.

Goheen, Michael W. *A Light to the Nations: The Missional Church and the Bible Story*. Grand Rapids: Baker Academics, 2011.

Gorringe, T. J. *A Theology of the Built Environment: Justice, Empowerment, Redemptio*n. New York: Cambridge University Press, 2002.

Gort, Gea, and Mats Tunehag. *BAM Global Movement: Business as Mission Concepts & Stories.* Peabody: Hendrickson Publishers Marketing LLC, 2018.

Green, Laurie. *Let's Do Theology: Resources for Contextual Theology*. London: Bloombury Publishing, 2009.

Griffith, Korinne. "The 'New Normal' after Coronavirus." Accessed August 13, 2021. https://www.ksn.com/news/capitol-bureau/the-new-normal-after-coronavirus/.

Hammond, Mary Tuomi. *The Church and the Dechurched*. St. Louis: Chalice Press, 2001.

Hirsch, Alan. *The Forgotten Ways: Reactivating the Missional Church*. Grand Rapids: Brazos Press, 2006.

Isaac, Munther. *From Land to Lands: from Eden to the Renewed Earth*. Carlisle: Langham Monographs, 2015.

_____. "From Land to Lands, from Eden to the Renewed Earth: A Christ-centered Biblical Theology of the Promised Land." Doctor of Philosophy Dissertation, Middlesex University, March 2014.

Keller, Timothy. *Centre Church: Doing Balanced, Gospel-Centered Ministry in Your City*. Grand Rapids: Zondervan, 2012.

_____. "The Missional Church." Accessed on September 28, 2021. http://download.redeemer.com/pdf/learn/resources/Missional_Church-Keller.pdf.

Kompelien, Brent. "Better Than Starbucks: The Local Church and the Beauty of Place." Accessed June 12, 2021. https://www.thegospelcoalition.org/article/better-than-starbucks/.

Küng, Hans. *The Church*. Garden City: Image Books, 1967.

Linthicum, Robert C. *Transforming Power: Biblical Strategies for Making a Difference in Your Community*. Illinois: InterVarsity Press, 2003.

Liubinskas, Susann. "The Body of Christ in Mission: Paul's Ecclesiology and the Role of the Church in Mission." *Missiology: An International Review* 41(4) (2013): 402-415.

Loveland, Anne C., and Otis B. Wheeler. *Meetinghouse to Megachurch: A Material and Cultural History*. Columbia: University of Missouri Press, 2003.

McAlpine, William R. *Sacred Space for the Missional Church: Engaging Culture through the Built Environment*. Eugene: Wipe and Stock Publishers, 2011.

_____. "The Role of the Built Environment in Fulfilling the Mission of the Church towards a Missional Theology of Sacred Space." Doctor of Philosophy Dissertation, University of Aberdeen, 2006.

McPherson, Marisa. "Christianity in China." Accessed February 2, 2022. https://www.cfr.org/backgrounder/christianity-china.

Mpofu, Buhle. "Transversal Modes of Being a Missional Church in the Digital Context of COVID-19." *HTS Teologiese Studies/Theological Studies* 77(4), a6341 (2021): 1-6.

Mueller, Paul. "Sacramental Theology and the Third Place." *Missio Apostolica* Volume XXI, No.1 (41) (May 2013): 84-93.

Newbigin, Lesslie. *Sign of the Kingdom*. Grand Rapids: Eerdmans, 1980.

Oldenburg, Ray. *Celebrating the Third Place: Inspiring Stories about the Great Good Places at the Heart of our Communities*. New York: Marlowe and Company, 2001.

_____. "Project for Public Spaces." Accessed February 3, 2022. https://www.pps.org/article/roldenburg.

_____. *The Great Good Place*. Cambridge: Da Copo, 1989.

Pier, Mac. *A Disruptive Gospel: Stories and Strategies for Transforming Your City*. Grand Rapids: Baker Publishing Group, 2016.

Pillay, Jerry. "COVID-19 Shows the Need to Make Church More Flexible." *Transformation* Vol. 37(4) (2020): 266-275.

Plummer, Jo, and Mats Tunehag. *Business as Mission in and from China: BAM Think Tank China Regional Group Report*. BAM Think Tank, 2014.

Poon, Shek Wing Louis. "Designing One-flat Church as Small Scale Community Space in Densely Populated Urban Environment to Perform Both Sacred and Contemporary Functions." PhD Dissertation, The Hong Kong Polytechnic University, 2013.

Prebble, Edward. "Missional Church: More a Theological (Re)discovery, Less a Strategy for Parish Development." *Colloquium* 46/2 (2014): 224-241.

Rice, Doug. "Starbucks and the Battle for Third Place."*Gatton Student Research Publication* Volume 1, Number 1 (2009): 30-41.

Roxburgh, Alan J. *Missional: Joining God in the Neighborhood*. Grand Rapids: Baker, 2011.

_____. *Structured for Mission: Renewing the Culture of the Church*. Downers Grove: InterVarsity Press, 2015.

Rundle, Steve. " 'Business As Mission' Hybrids: A Review and Research Agenda." *Invited Articles Business As Mission* Vol 15 No 1 (2012), 66-79.

Sanders, Brian. *Microchurches: A Smaller Way*. Bridport: Underground Media, 2019.

Silvoso, Ed. *Ekklesia: Rediscovering God's Instrument for Global Transformation*. Grand Rapids: Baker Publishing Group, 2017.

Snyder, Howard. *Liberating the Church: The Ecology of Church and Kingdom*. Eugene: Wipf and Stock Publishers, 1996.

Snyder, Howard A., and Daniel V. Runyon. *Decoding the Church: Mapping the DNA of Christ's Body*. Eugene: Wipe and Stock Publishers, 2011.

Stetzer, Ed, and Thom S. Rainer. *Transformational Church: Creating a New Scorecard for Congregations*. Nashville: B&H Publishing Group, 2010.

Swagerty, Lois. "Third Places Comes to Church." *Leadership Network* (2008): 1-9.

Sweet, Leonard. *Rings of Fire: Walking in Faith through a Volcanic Future*. Colorado Springs: NavPress, 2019.

_____. *Soul Tsunami: Sink or Swim in New Millennium Culture*. Grand Rapids: Zondervan, 1999.

_____, ed. *The Church of the Perfect Storm*. New York: Abingdon Press, 2008.

Swinton, John, and Harriet Mowat. *Practical Theology and Qualitative Research*. London: SCM Press, 2016.

Thiessen, Joel, and Bill McAlpine. "Sacred Space: Function and Mission from a Sociological and Theological Perspective." *International Journal for the Study of the Christian Church* Volume 13, Issue 2 (2013): 133-146.

Turner, Victor, and Edith L. B. Turner. *Image and Pilgrimage in Christian Culture*. New York: Columbia University Press, 1978.

Van Gelder, Craig. "From Corporate Church to Missional Church: The Challenge Facing Congregations Today." *Review and Expositor* 101 (Summer 2004): 425-450.

"Watch Tim Keller Talk about Creation, Creativity, and Entrepreneurship." Accessed February 20, 2022. https://tifwe.org/resource/watch-tim-keller-talk-about-creation-creativity-and-entrepreneurship/.

Woodward, J. R. and Dan White Jr. *The Church as Movement: Starting and Sustaining Missional-Incarnational Communities*. Downers Grove: InterVarsity Press, 2016.

Wright, Christopher J.H. *The Mission of God: Unlocking the Bible's Grand Narrative*. Downers Grove: Intervarsity Press, 2006.

_____. *The Mission of God's People: A Biblical Theology of the Church's Mission*. Grand Rapids: Zondervan, 2010.

「疫情中的教會牧養及網上崇拜 問卷調查初步結果」。伯特利神學院柏祺城市轉化中心。Accessed April 4, 2021. http://rbc.bethelhk.org/index.php?option=com_content&view=article&id=432&Itemid=648&lang=zh.

胡志偉。「弱不經風」的香港教會。Accessed August 8, 2021. https://christiantimes.org.hk/Common/Reader/News/ShowNews.jsp?Nid=162326&Pid=104&Version=0&Cid=2053&Charset=big5_hkscs.

胡志偉、劉梓濠。《處境劇變下的牧養更新－香港教會研究 2014》。香港：香港教會更新運動，2014。

_____。《2019 香港教會普查簡報》。香港：香港教會更新運動，2020。

胡志偉、陳嬋鳳。《反修例運動中之教會》。香港：香港教會更新運動，2019。

_____。《風雨中的牧養堅持》。香港：香港教會更新運動，2018。

「教會新型態」研究發佈會及研討會系列。伯特利神學院柏祺城市轉化中心。Accessed February 22, 2022. https://www.bethelhk-rbc.org/post/ 教會新型態－研究發佈會及研討會系列 .

施慧玲。《禧房錦囊》。香港：基督教關懷無家者協會，2019。

梁國全、劉梓濠。《應對時勢。教會更新－香港教會研究 2019》。香港：香港教會更新運動，2021。

陳淑娟。《教會無牆的震撼轉化》。香港：香港基督教會宣道堂、基道出版社，2020。

註釋

[1] Kathy Charmaz, *Constructing Grounded Theory*, 2nd Edition (London: Sage Publications, 2014), 12.

[2] 董家驊，《21 世紀門徒現場：實踐神學新探索》（新北市：校園書房， 2019），1-2。

[3] 董家驊，《實踐神學 UM 9994》（授課內容及講義，伯特利神學院，香港：2021 年 6 月 11 日）。

[4] 保羅・巴拉德、約翰・普禮查特，《實踐神學導引：服事中的神學思考》，（香港：基道，2015），131-139。

[5] Swinton John, *Practical Theology and Qualitative Research,* vol. Second edition (London: SCM Press, 2016), Book. http://search.ebscohost.com/login.aspx?direct=true&db=nlebk&AN=2437330&site=ehost-live&scope=site.17-18.

[6] 羅利・葛林，《做神學：一同走進處境神學》，陳群英譯（香港：基督教文藝出版社， 2012），174-175。

[7] "Global Wealth and Lifestyle Report 2021", accessed June 13, 2021, https://www.juliusbaer.com/en/spotlight/global-wealth-and-lifestyle-report-2021/.

[8] "Poverty Rate Slightly Increases", accessed July 16, 2021, https://www.news.gov.hk/eng/2020/12/20201223/20201223_175016_820.html.

[9] Andrew Sheng and Xiao Geng, "Hong Kong's Real Problem is Inequality", Ejisight on the Pulse, accessed Feb 12, 2021, www.ejinsight.com/20190828-hong-kongs-real-problem-is-inequality/.

[10] 施慧玲，《禧房錦囊》（香港：基督教關懷無家者協會，2019），i。

[11] "Average living space of public rental housing tenants in Hong Kong from 2007 to 2020", accessed August 5, 2021, https://www.statista.com/statistics/630746/hong-kong-public-rental-housing-average-living-space-per-person.

[12] "Number of Applications and Average Waiting Time for Public Rental Housing", accessed August 5, 2021, https://www.housingauthority.gov.hk/en/about-us/publications-and-statistics/prh-applications-average-waiting-time/index.html.

[13] "Cage Homes and Old Private Housing Project", accessed April 4, 2021, https://soco.org.hk/en/projecthome/cage-homes.

[14] Chermaine Lee, "Hong Kong's Public Space Problem", accessed August 5, 2021, https://www.bbc.com/worklife/article/20200831-hong-kong-public-space-problem-social-distance.

[15] Lee.

[16] "Unemployment and underemployment statistics for January - March 2021", accessed May 30, 2021, https://www.info.gov.hk/gia/general/202104/22/P2021042200511.htm.

[17] "World Happiness Index 2021", accessed June 13, 2021, https://countryeconomy.com/demography/world-happiness-index/hong-kong.

18 胡志偉，「本週評論：「弱不經風」的香港教會」，香港教會更新運動，2022 年 4 月 26 日存取，https://hkchurch.wordpress.com/2020/06/04/。

19 同上。

20 Jillian Melchior, "Hong Kong's Spiritual Battle", *WSJ Editorial*, accessed on Feb 2, 2021, https://www.wsj.com/articles/hong-kongs-spiritual-battle-11571351877.

21 麥世賢，「反修例運動一週年回顧系列」分色牧養‧極簡家庭教會‧平信徒運動‧亂世中的牧養對策‧專訪王礽福，accessed March 8, 2022, https://christiantimes.org.hk/Common/Reader/News/ShowNews.jsp?Nid=162800&Pid=2&Version=1716&Cid=1145&Charset=big5_hkscs.

22 「動盪中重思教會的本質—教會新型態質性研究」，伯特利神學院柏祺城市轉化中心，accessed June 13, 2021, https://christiantimes.org.hk/Common/Reader/News/ShowNews.jsp?Nid=165850&Pid=104&Version=0&Cid=2052&Charset=big5_hkscs。

23 "Preliminary Report on 'Churched & Dechurched' Survey", Ray Bakke Centre for Urban Transformation, accessed on Feb 18, 2021, http://rbc.bethelhk.org/index.php?option=com_content&view=article&id=346&lang=zh.

24 胡志偉、劉梓濠，《處境劇變下的牧養更新 - 香港教會研究 2014》（香港：香港教會更新運動，2014）。

25 "Preliminary Report on 'Churched & Dechurched' Survey".

26 Ibid.

27 陳韋安，「香港人的神學：談教會的去大台文化」，accessed August 10, 2021, https://christiantimes.org.hk/Common/Reader/News/ShowNews.jsp?Nid=165079&Pid=2&Version=1752&Cid=2248&Charset=big5_hkscs.

28 「疫情中的教會牧養及網上崇拜 問卷調查初步結果」，伯特利神學院柏祺城市轉化中心，accessed April 4, 2021, http://rbc.bethelhk.org/index.php?option=com_content&view=article&id=432&Itemid=648&lang=zh.

29 「疫情中的教會牧養及網上崇拜 問卷調查初步結果」。

30 高思憫、麥嘉殷，「疫下教會牧養網上崇拜調查 大洗牌？網絡牧養？取消網崇？」，伯特利神學院柏祺城市轉化中心，accessed April 21, 2021, https://christiantimes.org.hk/Common/Reader/News/ShowNews.jsp?Nid=163805&Pid=2&Version=1732&Cid=589&Charset=big5_hkscs.

31 胡志偉、劉梓濠，《2019 香港教會普查簡報》（香港：香港教會更新運動，2020），20。

32 劉紹麟，《解碼香港基督教與社會脈絡》（香港：基督教文藝出版社，2018），69。

33 Shek Wing Louis Poon, "Designing One-flat Church as Small Scale Community Space in Densely Populated Urban Environment to Perform Both Sacred and Contemporary Functions", PhD Dissertation, The Hong Kong Polytechnic University, 2013, 129.

34 Ibid, 20.

35 "Signs of Decline & Hope Among Key Metrics of Faith", accessed June 14, 2021, https://www.barna.com/research/changing-state-of-the-church/.

36 Sun Im Byeong, "A Study on the Use of Church Building Space on Sundays and Weekdays: The Case of Yongjin Jeil Church", Doctor of Ministry Thesis, Liberty University School of Divinity, May 2017, IV.

37 賴淑芬，「基層的無牆教會」，accessed August 10, 2021, https://christiantimes.org.hk/Common/Reader/News/ShowNews.jsp?Nid=165363&Pid=104&Version=0&Cid=2259&Charset=big5_hkscs.

38 胡志偉、陳嬋鳳，《反修例運動中之教會》（香港：香港教會更新運動，2019），53。

39 陳淑娟，《教會無牆的震撼轉化》（香港：香港基督教會宣道堂、基道出版社，2020），66。

40 鍾樹森、Cotton、顏穎心，「教會開放用膳的牧者心路」，accessed August 10, 2021, https://christiantimes.org.hk/Common/Reader/News/ShowNews.jsp?Nid=163030&Pid=2&Version=1720&Cid=1129&Charset=big5_hkscs.

[41] 顏穎心，「開放教會的心路與反思」，accessed August 10, 2021, https://christiantimes.org.hk/Common/Reader/News/ShowNews.jsp?Nid=163030&Pid=2&Version=1720&Cid=1129&Charset=big5_hkscs.

[42] 鍾樹森，「開都無人嚟」，accessed August 10, 2021, https://christiantimes.org.hk/Common/Reader/News/ShowNews.jsp?Nid=163030&Pid=2&Version=1720&Cid=1129&Charset=big5_hkscs.

[43] Cotton，「在推動和否決之間」, accessed August 10, 2021, https://christiantimes.org.hk/Common/Reader/News/ShowNews.jsp?Nid=163030&Pid=2&Version=1720&Cid=1129&Charset=big5_hkscs.

[44] 胡志偉、劉梓濠，22。

[45] 同上。

[46] Christopher J. H. Wright, *The Mission of God: Unlocking the Bible's Grand Narrative* (Downers Grove: Intervarsity Press, 2006), 67.

[47] Wright, 22.

[48] Ibid, 22.

[49] David J. Bosch, *Transforming Mission* (Maryknoll: Orbis Books, 1991), 389–390.

[50] Bosch, 389-390.

[51] Wright, 62.

[52] Frost and Hirsch, 34.

[53] William McAlpine, *Sacred Space for the Missional Church: Engaging Culture through the Built Environment* (Eugene: Wipf and Stock Publishers, 2011), 3.

[54] Ray Bakke, *A Theology as Big as the City* (Illinois: InterVarsity Press, 1997), 13.

[55] Munther Isaac, "From Land to Lands, from Eden to the Renewed Earth: A Christ-centered Biblical Theology of the Promised Land", Doctor of Philosophy Dissertation, Middlesex University, March 2014, 69.

[56] Walter Brueggemann, *The Land: Place as Gift, Promise, and Challenge in Biblical Faith,* 2nd ed. (Minneapolis: Fortress Press, 2002), 80-81.

[57] Isaac, 71.

[58] Neil Cole, *Church 3.0 : Upgrades for the Future of the Church* (New York: John Wiley & Sons Inc., 2010), 6.

[59] Ibid, 274.

[60] Ibid, 274.

[61] Goheen, 9.

[62] Broweleit, 46.

[63] Ibid, 47.

[64] Frost and Hirsch, 275.

[65] Broweleit, 8.

[66] Frost and Hirsch, 190.

[67] Broweleit, 31.

[68] Ibid, 190.

[69] Ibid, 93.

[70] "Choosing a New Church or House of Worship", accessed September 29, 2021, https://www.pewforum.org/2016/08/23/choosing-a-new-church-or-house-of-worship/?utm_source=August+26%2C+2016&utm_campaign=august+26&utm_medium=email.

[71] Hirsch, 54.

[72] Frost and Hirsch, 22.

[73] Ibid, 22.

[74] Alan J. Roxburgh, *Structured for Mission: Renewing the Culture of the Church* (Downers Grove: InterVarsity Press, 2015), 52.

[75] Brian Sanders, *Microchurches: A Smaller Way* (Bridport: Underground Media, 2019), 17.

[76] Deokjong Bang, "A Church Planting Church in South Korea: A Case Study on Missional Outreach" (Doctor of Ministry Dissertation, Liberty University School of Divinity, April 2017), 20.

[77] Howard Snyder, *Liberating the Church: The Ecology of Church and Kingdom* (Eugene: Wipf and Stock Publishers, 1996), 11.

[78] Roxburgh, 146.

[79] McAlpine, 155.

[80] Ray Bowman and Eddy Hall, *When Not to Build: An Architect's Unconventional Wisdom for the Growing Church* (Grand Rapids: Baker Books, 2002), 113.

[81] Maura Judkis, "Did you buy that latte 2 hours ago? Think about leaving the coffee shop", accessed February 3, 2022, https://www.washingtonpost.com/lifestyle/style/you-ordered-that-latte-two-hours-ago-think-about-leaving-the-coffee-shop/2015/07/08/caa597bc-19ef-11e5-bd7f-4611a60dd8e5_story.html?tid=pm_pop_b.

[82] Ray Oldenburg, "Project for Public Spaces", accessed February 3, 2022, https://www.pps.org/article/roldenburg.

[83] Ken Carter and Audrey Warren, "Networks and Third Places are Today's Mission Field", accessed February 3, 2022, https://www.churchleadership.com/leading-ideas/networks-third-places-todays-mission-field/.

[84] Doug Rice, "Starbucks and the Battle for Third Place", *Gatton Student Research Publication* Volume 1, Number 1 (2009): 33.

[85] Lois Swagerty, "Third Places Comes to Church", *Leadership Network*, 2008, 2.

[86] "Engaging Third Places", Missional Church Network, accessed June 12, 2021, https://www.missionalchurchnetwork.com/blog/engaging-third-places.

[87] Ibid.

[88] Wikipedia, "十八樓 C 座", accessed July 4, 2022, https://zh.m.wikipedia.org/zh-hk/ 十八樓 C 座

[89] Hirsch, 145.

[90] Ibid, 145.

[91] Ibid, 145.

[92] "Watch Tim Keller Talk about Creation, Creativity, and Entrepreneurship", accessed February 20, 2022, https://tifwe.org/resource/watch-tim-keller-talk-about-creation-creativity-and-entrepreneurship/.

[93] Robert A. Danielson, *The Social Entrepreneur: The Business of Changing the World* (Franklin, Tennessee: Seedbed Publishing, 2015), 4.

[94] Danielson, 1.

[95] Ibid, 1.

[96] Ibid, 1.

[97] Ibid, 5.

[98] Steve Rundle, "'Business As Mission' Hybrids: A Review and Research Agenda", *Invited Articles Business As Mission*, Vol 15 No 1 (2012), 66.

[99] Gea Gort and Mats Tunehag, *BAM Global Movement: Business as Mission Concepts & Stories* (Peabody: Hendrickson Publishers Marketing LLC, 2018), 96.

[100] Jo Plummer and Mats Tunehag, *Business as Mission in and from China: BAM Think Tank China Regional Group Report* (BAM Think Tank, 2014), 3.

[101] Gort and Tunehag, 46.

[102] Ibid, 147.

[103] Tommy Brooksbank, "Seoul's Trendy Cafe Churches Cater to Korea's Youth", Christianity Daily, http://www.christianitydaily.com/articles/9160/20180430/seouls-trendy-cafe-churches-cater-to-koreas-youth.htm.

[104] Gort and Tunehag, 195.

[105] Frost and Hirsch, 42.

[106] Ibid, 48.

[107] Ibid, 48.

[108] Ibid, 37.

[109] Ibid, 38.

[110] McAlpine, 3.

[111] Reggie McNeal, *Missional Communities: The Rise of the Post-Congregational Church* (San Francisco: Jossey-Bass, 2011), 45.

[112] Isaac, 201.

[113] Ibid, 218.

[114] Victor Turner and Edith L. B. Turner, *Image and Pilgrimage in Christian Culture* (New York: Columbia University Press, 1978), 249-250.

[115] Ibid, 156.

[116] Cole, 5.

[117] Ibid, 5.

[118] Ibid, 8.

[119] Ibid, 11.

[120] Ibid, 47.

[121] Frost and Hirsch, 106.

[122] Jerry Pillay, "COVID-19 Shows the Need to Make Church More Flexible", *Transformation 2020*, Vol. 37(4), 269.

[123] Pillay, 269.

[124] Hirsch, 129.

[125] Frost and Hirsch, 59.

[126] Goheen, 161.

[127] Strong's Concordance, "1577. ekklésia", accessed January 19, 2022, https://biblehub.com/greek/1577.htm.

[128] Woodward and White, 144.

[129] Geoffrey Bromiley, *The International Standard Bible Encyclopedia, Volume One* (Grand Rapids: William B Eerdmans Publishing Co, 1982), 693.

[130] Bromiley, 693.

[131] Goheen, 162.

[132] Strong's Concordance, "7971. shalach", accessed January 28, 2021, https://biblehub.com/hebrew/7971.htm.

[133] Botterweck, Ringgren, and Fabry, 59.

[134] Strong's Concordance, "649. apostelló", accessed January 26, 2021, https://biblehub.com/greek/649.htm.

[135] Strong's Concordance, "3992. pempó", accessed January 28, 2021, https://biblehub.com/greek/3992.htm.

[136] Bromiley, 67.

[137] Ibid, 67.

[138] Ibid, 68.

[139] Wright, 22-23.

[140] "Oxford Languages", accessed August 15, 2021, https://languages.oup.com/google-dictionary-en/.

[141] Brueggemann, 3.

[142] Isaac, iv.

[143] Ibid, iv.

[144] Brueggemann, 173.

[145] Isaac, v.

[146] Strong's Concordance, "5561. chóra", accessed January 30, 2022, https://biblehub.com/greek/5561.htm.

[147] Isaac, 53.

[148] Ibid, 18.

[149] Ibid, 33.

[150] Geoffrey Bromiley. *The International Standard Bible Encyclopedia,* Volume Four (Grand Rapids: William B Eerdmans Publishing Co, 1982), 617.

[151] Brueggemann, 70.

[152] Ibid, 57.

[153] Ibid, 70.

[154] Strong's Concordance, "3622. oikonomia", accessed July 12, 2021, https://biblehub.com/greek/3622.htm.

[155] Bromiley, 618.

[156] Geoffrey Bromiley. *Theological Dictionary of the New Testament* (Grand Rapids: William B Eerdmans Publishing Co, 1985), 664.

[157] Bromiley, 662.

[158] Brueggemann, 61.

[159] Geoffrey Bromiley. *The International Standard Bible Encyclopedia,* Volume Two (Grand Rapids: William B Eerdmans Publishing Co, 1982), 105.

[160] Bromiley, 105.

[161] Ibid, 105.

[162] Ibid, 106.

[163] Ibid, 106.

[164] Ibid, 106.

[165] Isaac, 362.

[166] Ibid, 52.

[167] Ibid, 52.

[168] Christopher J. H. Wright, *The Mission of God: Unlocking the Bible's Grand Narrative* (Downers Grove: Intervarsity Press, 2006), 25.

[169] Isaac, 92.

[170] Ibid, 370.

[171] Heather Riggleman, "What Is Gleaning in the Bible? Does it Still Apply Today?" accessed April 24, 2021, https://www.christianity.com/wiki/bible/what-is-gleaning-in-the-bible.html.

[172] Leonard Sweet, *Rings of Fire: Walking in Faith through a Volcanic Future* (Colorado Springs: NavPress, 2019), 251.

[173] Robert C. Linthicum, *Transforming Power: Biblical Strategies for Making a Difference in Your Community* (Illinois: InterVarsity Press, 2003), 36.

[174] Linthicum, 36.

[175] Ibid, 36-37.

[176] Ibid, 39.

[177] Ibid, 38.

[178] Isaac, 370.

[179] Strong's Concordance, "2839. koinos", accessed July 12, 2021, https://biblehub.com/greek/2839.htm.

[180] Isaac, 368.

[181] Ibid, 368.

[182] Ibid, 366.

[183] Hans Küng, *The Church* (Garden City: Image Books, 1967), 160.

[184] Goheen, 49.

[185] Ibid, 49.

[186] Bruggemann, 4-5.

[187] Ibid, 10.

[188] Ibid, 364.

[189] Goheen, 199.

[190] Ibid, 199.

[191] Isaac, 119.

[192] Goheen, 4.

[193] Ibid, 4.

[194] Ibid, 4.

[195] Ibid, 4.

[196] George Barna, *Future Cast: What Today's Trends Mean for Tomorrow's World* (Austin: BarnaBooks, 2011), 198.

[197] Cole, 4.

[198] Leonard Sweet, *Soul Tsunami: Sink or Swim in New Millennium Culture* (Grand Rapids: Zondervan, 1999), 75.

[199] Ibid, 91.

[200] "Alan Hirsch Quotes and Sayings", accessed February 5, 2022, https://www.inspiringquotes.us/author/9843-alan-hirsch.

[201] Frost and Hirsch, 191.

[202] T. J. Gorringe, *A Theology of the Built Environment: Justice, Empowerment, Redemption* (New York: Cambridge University Press, 2002).

[203] Broweleit, 209.

[204] Ibid, 211.

[205] Ibid, 209.

[206] Woodward and White, 212.

[207] Ibid, 48.

[208] Frost and Hirsch, 91.

[209] Woodward and White, 23.

[210] Isaac.

[211] Leonard Sweet, ed., *The Church of the Perfect Storm* (New York: Abingdon Press, 2008), 92.

[212] 「教會新型態」研究發佈會及研討會系列，伯特利神學院柏祺城市轉化中心，accessed February 22, 2022, https://www.bethelhk-rbc.org/post/ 教會新型態 - 研究發佈會及研討會系列。

[213] 麥嘉殷、陳昫賢，「2021 大事回顧 教內焦點討論」，accessed February 22, 2022, https://christiantimes.org.hk/Common/Reader/News/ShowNews.jsp?Nid=167519&Pid=103&Version=0&Cid=2017&Charset=big5_hkscs.

[214] 陳昫賢，「疫情下反思教會角色與本質」，accessed March 14, 2022, https://christiantimes.org.hk/Common/Reader/News/ShowNews.jsp?Nid=168014&Pid=102&Version=0&Cid=2141&Charset=big5_hkscs.

[215] Woodward and White, 107.

I believe in the **value**, **passion** and *beauty* in press.

vision
in
press

I believe in the **value**, **passion** *and beauty* *in press.*